波動時代の幕開け——

ヨッシー先生と波動を学ぼう

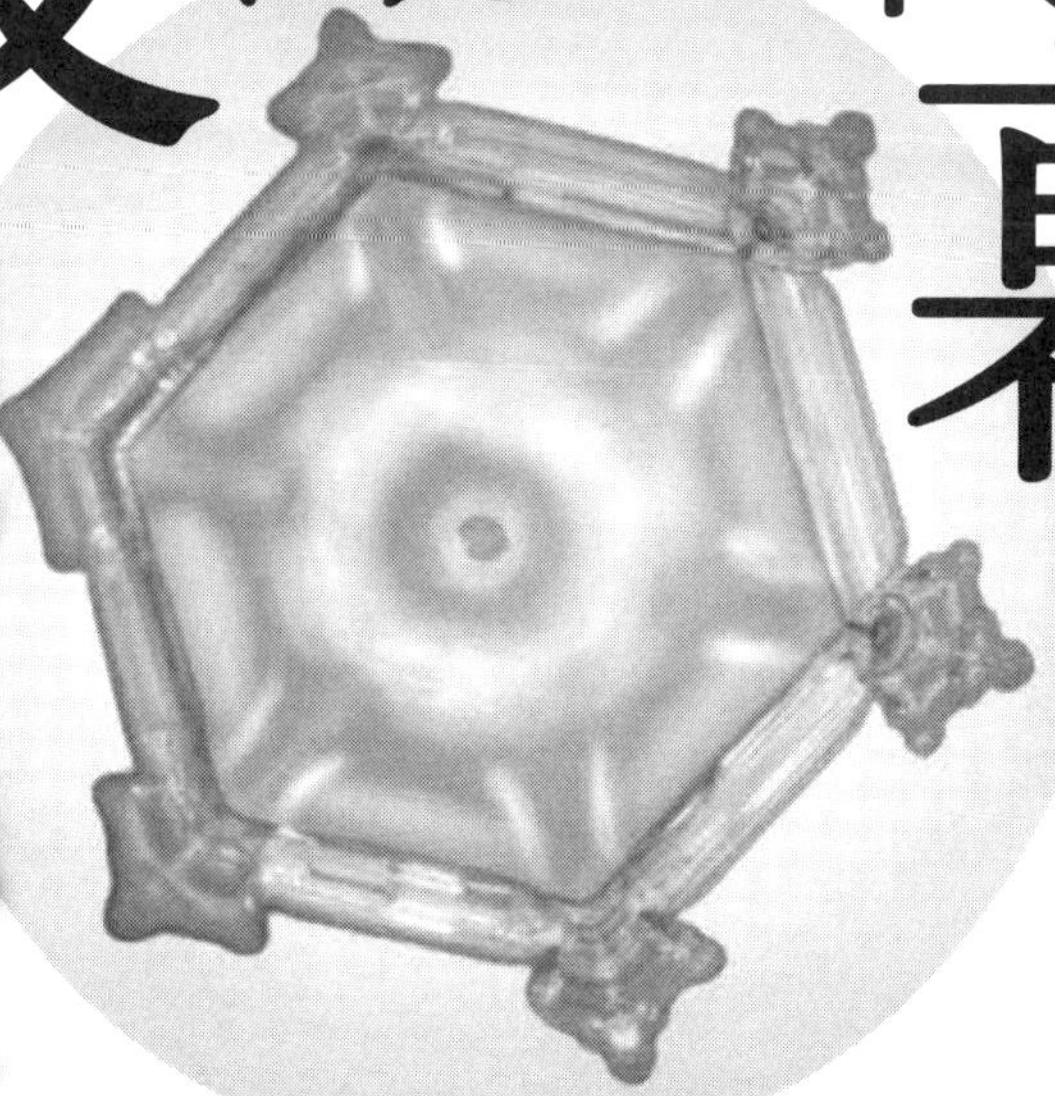

I.H.Mドルフィン代表
吉野内聖一郎
Seiichirou Yoshinouchi

知道出版

新刊本発売にあたりごあいさつ

この度、新刊本を発売するにあたり、ご挨拶を申し上げます。私は28年前から波動カウンセリングの仕事を始めました。その仕事を行う中で、様々な情報を受け取り、不思議な体験を重ねてきました。それらの情報を、本に書き過去に3冊の本を出版しましたが、どの本も今は在庫がなく、絶版となっています。そこで、3冊の本の内容で重要な部分をピックアップして、一つの本にまとめて出版することにしました。3冊の本の内容は、時代が経っても色あせることのない、いつの時代においても世の中の人に必要とされる情報だと思います。今回一冊にまとめるにあたり、今までの本の中には書かれていない、最新の情報も追加しておりますので、過去の本を読まれた読者の方におかれましても、新たな感覚で読むことができると思います。

今回の本が、歴史の中で長期にわたり、読み継がれることを願っています。

2024年1月　吉野内聖一郎

目次

第3章　波動コード発見と縄文の教え…81

第４章　波動カウンセリングの実際…129

第5章　潜在意識とカルマの法則…177

第6章　癒しと波動…213

第7章　風の時代は波動の時代…229

第9章　新型コロナウイルスが世の中を変えた？……299

プロローグ

籠の中の鳥

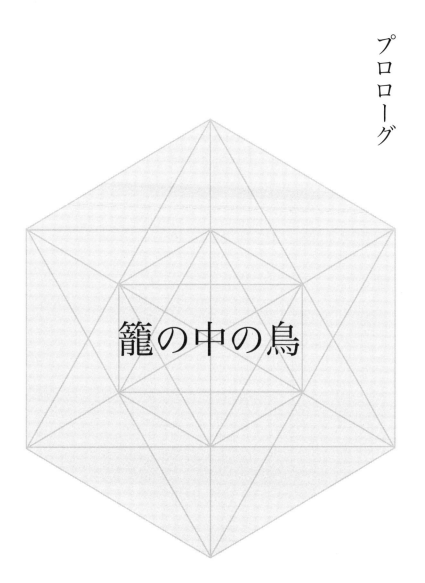

籠の中の鳥

保育園に通っていた頃、周囲の子供たちと馴染むことができず、幼少期はいつも孤独を感じていました。不思議なことに、私はまだ歩くことも、しゃべることもできない乳児の頃の記憶があります。

昔の家には土間があり、そこから少し高くなったところに居間と呼ばれる畳の部屋が作られていたのですが、その居間の縁をハイハイしながら前に進んでいた時です。その様子を見ていた父が危ないと思ったのか、母に「おい、ちゃんと見てないと土間に落ちるぞ」と注意したのです。その次の瞬間、私は見事に数十センチの高さから土間に落ちました。落ちた時は、さほど痛みは感じませんでしたが、「ほら見ろ、何をやっているんだ！　お前がちゃんと見てないから落ちたじゃないか！」と母を叱る父の声の大きさに驚いて、泣き始める自分の姿がありました。すぐ母親に抱きかかえられながら、「おーよしよし、痛かったね」となだめられる自分の姿を見ている私がいたのです。

その時、なぜかわからないのですが、そうだ今のこの様子を忘れないように覚えておこうと思ったのです。今もその時の様子は、忘れずにはっきり覚えています。でもその時の映像は、乳児の自分からの目線で見ていた映像ではなく、部屋の上の方から俯瞰していたような記憶がありません。私が地球に生まれて一番幼い時の記憶なのですが、ほとんどの人は生まれて間もない頃の記憶など、忘れてしまったのではないでしょうか？

その時、忘れないで覚えておかなければならないという重要性を感じていた理由は、はるか遠くの星から地球にやってきて、人生のドラマをスタートする上で、その始まりの時をしっかりと覚えておくことで、地球に来た本来の目的を忘れないようにすることが、とても大切なことだと知っていたからではないか……と、今になって思うのです。

このように、地球に来た目的を自分の中に忘れないように、しっかりと記憶の種を植えた状態で成長した私は、周りにいる同年代の人たちと馴染めませんでした。魂の中に植えた種を持っていることが、ほかの人たちと違っていたからなのかもしれません。

大きくなるにつれ、その違和感も大きくなり、就職して仕事をするようになってからは、心の中にある違和感は何なのか、その理由を探しながら自分自身の意識の成長を目的として仕事に取り組んでいました。同じ会社で働く上司や同僚、部下たちは、興味の矛先や仕事の目的などが、自分の成績を伸ばすことや給料をたくさん貰うこと、役職を上げることなどの現実的な成果ばかりで、自分の性格を変えたり、意識を成長させたりしてより良い人生を送るために、精神的な問題や課題に目を向けることなど、考えようとしない人ばかりでした。

なぜ、ほとんどの人が物や現実世界の目先のことばかりに囚われているのだろうか？　自分たちが生活している世界、生きている世界は3次元と呼ばれている空間の世界だけなのだろうか？　確かに地球は広いけど、でも限られた空間の世界だけで生きていたのでは、自分の人生にも限界があるのではないだろうか？　そのように考えていると、あまりにも狭い空間の世界で生きている自分の未来に希望が見いだせなくなり、暗闇の中で息が詰まりそうになるのです。

その頃の私は、もっと広い無限の可能性を秘めた世界があるのに、そのことを知らずに生きている「籠の中の鳥」と同じでした。そんな閉塞感の中で社会生活を送っていたのですが、それでもあきらめずに希望の光を探しながら仕事を続けていきました。

そんな私でしたが、ある時自分の魂が震えるような情報に遭遇しました。その情報は暗闇の中で、生きる希望を失いかけていた時に見つけることができた、一筋の希望の光でした。私はその一筋の希望の光が放たれている方向に向かって一直線に進んでいきました。

第1章

波動と私

波動との出会い

波動カウンセリングの仕事をしている私ですが、昔はまったく畑違いの仕事をしていました。大学を卒業後、ある食品メーカーに就職した私は、営業部に配属されました。食品といっても、焼き肉のタレや唐揚粉などの調味料が主力製品の会社でした。

当時は、商店街などには個人商店のお肉屋さんがたくさんあり、新しい店を見つけては飛び込み営業をしていました。業務用の唐揚粉のサンプルを持って、一軒一軒お店を訪ねます。そして、店主にこの唐揚粉で鶏肉の唐揚を作らせてほしいとお願いするのです。

その当時のお肉屋さんでは、肉を売ると同時に揚げ物などのお惣菜を一緒に販売していました。お店の鶏肉を少し分けてもらい、その場で唐揚粉をまぶして揚げてみせるのです。

肉という食物は、熱を加えて調理すると、肉の中に含まれていた肉汁が外に逃げてしまいます。すると目方が減り、固くなって食感が悪くなります。つまり、商品として売りたい肉が縮んで小さくなるのです。普通はそれらの商品を目方で量り売りしますから、縮んでしまうとお客さんは量が少ない割に値段が高いように感じてしまうのです。

私が売り込んでいたものは、会社で研究開発された特別な唐揚粉で、油で揚げても肉汁が逃げ出さないようにできていました。その粉で揚げれば、肉が縮まないし固くなりません。すると、食べても柔らかいしボリュームがあるので割安感があるのです。そのような魔法の唐揚粉を、電卓をはじきながら原価計算をして、肉屋の店主に売り込むという営業をしていたのです。

この唐揚粉は大変よく売れて、使ってもらったお店の店主からは、売り上げが伸びて利益が増えたと喜ばれました。唐揚を買ったお客様は、柔らかくて美味しい唐揚を買うことができるようになって喜ばれ、営業をしていた自分も仕事をすることに喜びを感じていたのです。

ただ、私は幼い頃から極端に人見知りで、あがり症の人間でした。仕事とはいえ、日々、まったく初めてのお店に飛び込み営業することが、とてもつらくてたまりませんでした。

営業経験のある人間であればわかると思いますが、飛び込みの営業で、営業先のお客様が最初からこちらの話を聞いてくれることは、ほとんどありません。何回か通ってやっと話を聞いてくれればよい方です。訪問しても頭から断られることが多く、社会経験もあまりなく人見知りの激しい私が、この仕事をすることはあまりにもつらいことでした。

ある時は、新規のお店を見つけて営業に行こうと車を停めるのですが、飛び込み営業してもどうせ断られるだろうという思いが湧いてきて、その恐怖心からお店の前で1時間ほど行ったり来たりしながら、結局、そのお店に入ることもなく、そのまま会社に戻ってしまったこともありました。その日の営業日報には、訪問件数が少ないと上司から怒られるので、営業したこととして店名を書いて提出していたのです。

そのようなストレスを感じながら毎日の仕事をしていました。そしてまた、会社で新商品が出ると、まず自分たちで使い方を覚えることと、味を確かめる目的で試作を行い試食するのです。ほとんどの商品が肉に使う調味料ですから、唐揚、焼き肉、ソーセージなど、油をたっぷり含んだ食品を頻繁に食べることになります。

私は、当時まだ20代で体力があり、すぐに体調を崩すことはなかったのですが、少しずつ体に良くないものが蓄積されていったのでしょう。ある時期から皮膚に湿疹が出るようになりました。そして、だんだんその症状が消えなくなっていたのです。

たぶん労働の目的とは、生活費を稼ぐためというのが一般的な考え方でしょう。そして多くの人が思い描く理想の人生を送る……自分の給料が増えることや、ボーナスをたくさん貰うために一生懸命働いて売り上げを伸ばし、そして昇進して役職に就き、結婚して家庭を作り、家や車を手に入れて、子供が生まれて家族が増え、休みには海外旅行に行って……。そのような目標を持って仕事に取り組んでいる人が多いのではないでしょうか。

ところが私は、世の中の多くの人たちとは、どうも違う考え方をする人間のようでした。会社で仕事をしていても、毎月いただく給料のことやボーナスのことなどほとんど考えたことがなく、気づいた時には口座に振り込まれていました。金銭欲がないというより、私にはもっと違った、切羽詰まった問題があったのです。

私がサラリーマンをしていた時に常に考えていたのは、お給料のことではなく、どうすれば飛び込み営業をもっと楽にこなせるだろうか、どのような話し方をすればお店の人に温かく迎えてもらえるだろうか、仕事に対して感じているストレスをどうすれば感じないで済むのだろうか、といったことばかりだったのです。そのくらい自分の人見知りである性格を持て余していたのです。

「こんな性格をもっと明るく、誰とでも気さくに話せる性格に変えることができたなら、今の人生を楽しく送ることができるだろう」と強く思っていました。

このような心の中の苦しみや葛藤のことを常に考えていたので、現実世界でお金を稼ぐことや財産を手に入れることはほとんど頭にありませんでした。ですから多くの人たちとは、意識を向けている方向がまったく違っていたといえるでしょう。そして、当然人生における価値観が、他の人たちとまったく違っていたのです。

そのような状態のまま仕事を続けることに対して多くの疑問を抱いていた私は、何か自分の人生にとって光明を得ることのできるヒントはないだろうかと思い、頻繁に書店に通いました。そして、様々な本を手に取っては目を通していました。世の中の常識といわれている考え方自体に疑問を持っていた私は、その常識を覆すような情報を教えてくれる内容の本を求め、また、体調がすぐれないこともあったので、それも解消することができる情報を探していたのです。

ある日、自宅の近くにある書店で、書棚からすっと引き抜いて手にした本を見た時、とても不思議な感覚を覚えました。『波動の真理』とタイトルがついたその本は、科学的な内容の本というイメージがありましたが、パラパラと流し読みをしてみて、今までの科学とは違う内容の本であることがわかりました。

さっそくその本を購入して、夕食後読み始めました。ページが進むにつれて、今までの世の中の常識を覆す内容に圧倒され、その魅力にのめり込み、一気に読み終えたのでした。

その本の中には、〝波動測定器〟と〝波動水〟のことが紹介されていました。波動測定器とは、目に見えないエネルギーである〝波動〟を測定する器械のことです。一言で波動といっても、その意味や解釈の仕方は人によっていろいろあると思います。その本の中で紹介されていた「波動」とは、人間だけでなく、この世にある森羅万象、すべての物から発信されているエネルギーを意味していました。

私たちが生きているこの世界のすべての物は原子の集まりであり、原子とは原子核を中心にその周りを電子が回転している状態です。その電子の回転運動によって原子自体が振動をしており、そこから目に見えない微弱な波動のエネルギーが発信されているという説明でした。

この原子が集まって分子を構成し、体内のタンパク質や細胞が作られます。さらに身体の臓器や部位も作られています。それぞれのレベルにおいてそれぞれ固有の波動が発信されており、その波動を測定して、本来の健康な状態の波動であるかどうかを調べることが可能であるということでした。波動が乱れている場合、その器械によって波動を修正することができ、本来の健康な状態の波動に戻すことで、様々な病気が改善されていく可能性があると書かれていました。具体的には、まず乱れている波動を修正する情報を水に転写して、その情報を記憶させます。情報を記憶させた水を「波動水」と呼び、その波動水を毎日飲むことで、少しずつ波動の乱れが修正され、健康な状態になっていけるそうなのです。

波動は物質から出ているものだけではなく、心から生じてくる感情もまた波動であり、どのような感情が影響して病気になっているのかを調べることができるとも説明されていました。よく「病は気から」と言われますが、自分が作ったマイナス感情を溜め込んでいると、そのマイナスエネルギーが根本原因となって、様々な症状が肉体上に表われてくるようです。

その時の私は、食生活の乱れからくるアレルギー的な症状に悩んでいましたが、その本を読むことでマイナス感情を溜め込むことも原因であったことが理解できました。仕事からくるストレスが大きな原因ですが、その中でも人見知りの性格からくる恐怖の感情が、一番大きな原因になっていたことは間違いないでしょう。幼い頃から感じていたその感情は、生まれ持った性格からくるものです。なぜ、自分がそのような性格であるのかわからず、そしていつも感じる恐怖の感情を、どうしてよいのかわからずに、いつも持て余していたのです。

当然のことながら、マイナスの性格を変える方法があれば教えてほしいと、私はいつも思っていました。そのような私にとって、波動測定器や波動水の存在は、今までの常識を覆す情報であり、人生の中で未来に対する希望を見失っていた私に、夢と希望と可能性を与えてくれる情報だったのです。その情報が真実であるかどうかはわかりませんが、可能性を与えてくれた時点で、将来の人生に対して光明を見い出すことのできない状態でいた私の目の前に、明るい一筋の光が差し込んできたような感覚を覚えたのです。

本の中では、紹介されていた波動測定器を使って自分専用の波動水を作ってくれるサービスを行っていると紹介されていましたので、私はすぐにそれを申込みました。予約日は2週間ほど先でしたので、それこそワクワクしながら当日がくるのを待ちました。このような胸が高なる気分を味わうのは、本当に久しぶりでした。子供の頃に、遠足や修学旅行の日を待ちわびた、あのワクワク感も幸せでしたが、それ以上に今回の感覚は格別でした。自分の人生を変えることができるかもしれない、その可能性を感じられるという期待感でいっぱいでしたから、今まで過ごしてきた人生の中で、一番のワクワクだったと思います。

予約当日にそのサービスを受けに株式会社ＩＨＭのオフィスを訪ねました。世間の常識では考えられないサービスを行っている会社では、いったいどんな人たちが働いているのだろうと、自分なりに想像を働かせていました。実際に訪ねてみたオフィスは、明るい感じで、スタッフも良い感じの方たちばかりでした。私の波動測定を担当してくださった方も、まじめで誠実な雰囲気の方でした。本の中で説明されていた流れ通りの測定をしていただき、自分専用の波動水を作ってもらいました。

測定の結果では、やはりウィークポイントである喉を中心とした呼吸器系の波動に乱れがあることや、腰の痛みに関連する腰椎の波動の乱れが出てきました。それらの波動を乱している根本原因の感情波動は、「恐怖」や「自己憐憫《れんびん》」など、数種類の感情でした。自己憐憫という感情は、自分で自分をかわいそうだと思う感情であり、その情報を見た時、確かに自分の感情の中には、そういう種類の感情もあったことにあらためて気づかされました。

さっそくその日から作ってもらった波動水を飲み始めました。翌日には会社にも持って行きました。飲み方の説明には、作ってもらった波動水の原液を「ミネラルウォーターで１００倍に希釈して、毎日、朝、昼、晩の３回、コップ１杯（約１８０cc）を飲んでください」とあり、

「飲む前に容器の底を10回くらい手の平で叩いて、振動を与えることで水の情報が活性化します」とも書かれていました。

私は、作った波動水を500ccのペットボトルに入れて会社に持って行き、「ポン、ポン、ポン…」と掌でボトルの底を叩いてから必ず飲むようにしました。ボトルの底を叩いて水を飲む私を、隣の席から見ていた上司が何をしているのか、と質問してきましたが、その時は適当にお茶を濁しておきました。おそらく上司は、私が新手の新興宗教か何かに入ったのではないかと思っていたのでしょう。目に見えないエネルギーの世界のことを説明するのは、今の時代でも難しいのですが、その当時はちょうどオウム真理教の地下鉄サリン事件が起きた頃でしたので、今よりももっと説明するのが難しい時代でした。

波動水を飲み始めてから、私は自分の心の変化に注目しました。人見知りの性格がどのように変わっていくのだろうか、いつも感じている恐怖の感情が薄れるのだろうか、ストレスが減ってゆくのだろうか、それらのことを意識して、その日から日々の仕事をしていたのです。

ちょうど波動水を飲み始めて1週間が経過した頃に変化が訪れました。私は営業職ですから、毎日得意先を訪問しては商談を行っていました。否応なく人に会うのが毎日の仕事です。そのおかげで、自分の心の微妙な変化にすぐ気づくことができたようです。

それまでは、得意先を訪問する前から緊張して、恐れの感情がじわじわと感じられ重苦しい意識状態になります。ところが、波動水を飲み始めて1週間過ぎた頃に、ある得意先を訪ねて商談をしていると、相手の人と話している最中の意識の状態が、いつもより軽くて心地良い感覚を覚えていたのです。商談を終えて外に出た私は、この変化は間違いなく波動水の効果であると確信しました。それまで就職してからの15年間、ずっと感じていた重苦しい心の感覚が変化したことは一度たりともなかったのに、それが初めて変化してきたことを実感したのです。新しく始めたことは、波動水を飲み始めたことだけです。

そのような変化を実感した私は、波動測定器と波動水が本物の技術であり、本の中に書かれていた情報は、本当のことだったのだと確信することができたのです。その後、作ってもらった波動水がなくなると、新たに測定を受けに行くのですが、当時の私はそのオフィスを訪ねるたびに、その場所が世間から隔離された秘密の場所のような特殊な感覚を覚えていました。

物、お金、地位、名誉など、世の中で価値があると思われている一切のものから隔離され、そして、遮断された非常識な空間にいるような感覚でした。その場所は、まさに私の価値観と同じ情報で満たされている空間だったのです。幾日も砂漠の中を彷徨い喉が渇ききって、今にも死んでしまいそうな時に見つけた、オアシスと同じような存在でした。人生の砂漠の中で希望を見失い、死にかけていた心——その心を確かに潤してくれる情報を提供してくれる場所だったのです。

本物のコツを実践

『波動の真理』の著者でもある江本勝氏の著作の中で、「波動測定技術を本物の技術として、船井幸雄氏がご自身の著書の中で紹介してくださったことが、私が世に出るきっかけになった」と書いてありました。

そこで私は、船井幸雄氏のことが気になり、書店で船井氏の著書を買い求めて読み漁りました。経営コンサルタントである船井氏は、経営や経済、そして人間という複雑なものをできるだけ単純に解釈して、ルール化することで成功するためのコツがわかるとおっしゃっており、実際に様々なコツを著書の中で紹介されていました。

たとえば人脈を作るコツは、毎日最低5人の人に手紙を書くこと、名刺交換した人には必ずお礼状を出すこと。そして、人生で成功するコツは、1に勤勉であること、2に素直であること、3にプラス思考であること、と書かれていました。

私は、それらのコツを実際に自分の仕事の中で実践してみようと思い立ちました。なぜなら、それまでの会社での私は、鳴かず飛ばずの営業成績で、全営業マンの中でほとんど真ん中辺りにいたのです。ですから、この本の中に書かれているコツが本当のことならば、私の営業成績も上がってくるはずだと思ったのです。

まず、勤勉であることを実践するためにたくさんの本を読むことにしました。毎月10冊以上の本を読みました。そして、素直であることを実践するために、船井氏の本の中で紹介されていることを、そのまま素直に実践してみたのです。プラス思考については、物事を前向きに受け止める意識づけを行いました。

本の中のコツを実践して、たとえ結果が伴わなかった場合でも、それはそれで結果を確認することができたわけですから良かったと思うようにしたのです。後は、名刺交換をした人には、必ずお礼状を出すことと、得意先の人でも商談が成立して、新商品を採用していただけたら、必ずお礼状を出すようにしたのです。

そのようなことを実践していると、毎日読んでいる様々な本の中から知らなかった情報を手にすることができ、そして徐々に広い知識が身についてきたのです。それと同時に、それまでわからなかった世界がわかるようになってきました。

営業をしている人の場合、一番強く願っていることは、自分の売り上げを伸ばすことだと思います。売り上げを伸ばすことで、営業成績が伸びて給料やボーナスが増え、昇進に繋がりますから、当然といえば当然のことなのです。ただ、多くの営業マンは、売ることに必死になっていて、商品を買う側の立場を考えていない人が多いです。私もコツを実践するまでは、自分の売り上げを伸ばすことばかり考えて営業をしていました。その結果が、いつも全営業員の中で中間くらいの成績だったのです。

船井氏の本を読んでコツを実践し始めたある時から、私は商品を買う側の立場になって考えることの重要性に気づきはじめました。商談をしている会社の業務内容、業界での位置、担当者の会社内での立場、商品開発の目的など、担当者と話をしながら、そのような情報を聞き出して、その目的に合った商品の提供を行えば良いことに気づいてきたのです。

実際にそのように意識して商談を行い、商品の提案をするようになってからは、売り上げは一気に伸び始めました。最終的には、コツを実践しはじめた当初の売り上げと比べて、半年後には3倍以上の売り上げになっていました。

そして不思議なことに、売り上げが3倍になったにもかかわらず、時間的な余裕は増えていたのです。お客様からのクレームはほとんどなくなり、商談の回数が少なくても契約に結び付くことから、無駄に時間を使うことがなくなっていたのです。

また、他社と競合する場合などもありましたが、相手から奪うことを考えるのではなくて、お互いに協力して良い商品を作りましょう、という気持ちで商談をしていると、不思議なことに競合会社と売り上げを分け合うような流れになって、結果として両方の売り上げが伸びていったのです。このような体験をしたことで、船井氏の本の中に書かれていた成功するためのコツは、本当のことが書かれていたとわかったのです。

そして後に、その船井氏が推薦していた波動技術に関わる仕事をするために、私は勤めていた会社を辞めることになります。辞めるにあたって後任の担当者と引継ぎで得意先を訪問した際に、独立するため会社を辞めることになりましたと伝えると、行く先々で「あなたならしっかりしているから大丈夫ですよ、頑張ってくださいね」と温かい声を頂戴したのです。後任の担当者も、その様子を見ていて「すごいですね」と驚いていたのを覚えています。自分では以前と比べてそれ程大きく変化したつもりはないのですが、周りで見ている人たちからは、私の言動がしっかりしているように見えていたのでしょう。コツを実践することで、そのような状態を作っていたのだと思います。

波動インストラクターから波動クリエイティブセンターへ

最初に読んだ『波動の真理』は、江本勝氏の波動シリーズとして発売されており、その他の波動関連書籍を読み進める中で、「波動インストラクター制度」なるものがあることを知りました。波動インストラクター制度とは、波動測定器や波動転写器などを使いながら、世の中に波動測定の技術や波動理論などの考え方を普及する人を募集する制度だったのです。

波動技術の素晴らしさを体感していた私は、どのような形でもよいので波動に関わる活動をしたいと思っていました。けれども会社に所属する営業マンの私ができることは限られていました。そのような時に、「波動インストラクター制度」の情報を知ることになったのです。すぐにその内容を問い合わせると、いろいろと丁寧に説明いただいた後に、「大変素晴らしい制度なのでぜひ申込みしてください」と言われました。申込金の額は少し高かったのですが、躊躇することなく申込みをしました。とにかく私は、是が非でも波動インストラクターになりたいと思っていたのです。

そして私は、その研修会に参加するため、ワクワクしながら会場に足を運んだのです。

研修の内容は、とても有意義な内容であり、これから活動してゆくためのツールとして波動関連商品や音叉《おんさ》などを手渡されたのですが、研修の初日にこれから展開していく予定の、「波動クリエイティブセンターシステム」の説明があり、その申込書が配られました。

この「波動クリエイティブセンターシステム」とは、波動測定器と波動転写用の水を本部が供給して全国的に波動サロンを展開しようと企画されたもので、全国各地においてサロンを開き、波動測定の仕事をする人を募集する内容でした。波動インストラクターの研修を受けている最中にそのような案内を受け、ちょっと戸惑いました。

株式会社ＩＨＭは、波動測定器のような素晴らしい技術を自分たちだけの占有物にしないで、一般でも興味のある人には、その活動に参加する窓口を開いてくれていたのです。このチャンスに感謝するとともに、大きな予感を感じました。私は、すぐにでも「波動クリエイティブセンター」を開きたい、という思いが一気に湧き上がってきたのです。

でも、冷静に自分の今いる立場を考えてみなければなりません。15年間勤めてきた会社があり、安定した収入があり、妻や子供たちもいます。その安定収入の道を手放し、何の保証もない波動の仕事を始めて、家族を養っていけるのだろうかと考える自分もいました。

このように私が一人で思い悩んでいる時、研修中隣に座っていたＴさんという方が突然話しかけてきたのです。彼は「僕はこの波動クリエイティブセンターシステムに参加するために、今回の研修会に参加したんだよ」と言いました。Tさんは、すでに波動測定器や波動クリエイティブセンターシステムが展開されることを知っていて、遠く福岡から参加していたのです。私は、Tさんと話をしているうちに、もしかしたら自分にもできるかもしれない、やってみたいという気持ちが強くなっていきました。

初日の研修会は、そのまま終了して帰途につきましたが、帰りの電車の中でもずっと考え、そして家に帰り夜寝る時までも一心に考え続けました。もしここで諦めて申込みをしなかったら、今回のようなチャンスは巡って来ないかもしれない。とりあえず申込みをしておいて、もし状況が難しいようであれば、後から断ることもできるのではないかと、このように考えがまとまり、とりあえず明日の研修会で申込書を提出しておこうと決めました。そして翌日の研修会で、真っ先に申込書を担当の方に渡したのです。

このように、とりあえず提出しておいた参加申込書ですが、この申込書を提出したという行為が、私の潜在意識に眠っていたスイッチを〝ON〟にしたようなのです。

翌日の月曜日、普段通り出社した私は仕事に取りかかりましたが、意識は波動測定の仕事のことばかり考えていました。根がまじめな私は、約束は必ず守らなければならないと思う性格なので、申込書を提出した以上は必ずやらなければならないと思っていました。その日の夕方、私の上司に「お話があります」と申し出て、退職したいことを伝えました。上司はさすがに驚いて、「話の内容はわかったから返事をするのに少し時間がほしい」と言われました。

その後ちょうど1週間が過ぎた日でした。上司から呼ばれて別室を訪ねた私に、「この前の話の件だが、君の気持ちはわかった。今日から仕事の引き継ぎをしてくれ」と、一言言われただけでした。

その当時、私は入社してから15年経っており、大手の得意先を担当するようになっていました。その後任を探すには時間がかかることと、営業成績はかなり良い数字を出していましたので、必ず引き止められるだろうと思っていたのです。ところが、退職願いを出してから、1週間後にすんなりと引き継ぎが始まったのです。まったく予想していなかった展開に驚いたものの、この頃から人生の流れには、何か目に見えない力が働く時もあるのだと感じていたのです。

そして、1ヶ月半かけて仕事の引き継ぎを終えた私は、無事に会社を退職して、新たに波動の仕事を立ち上げることになったのです。

今の時代、起業する人が多いようですが、この時の自分を振り返ってみると、とても無謀なことをしたように思います。もう一度同じ状況に立ったなら、迷わずに同じ選択をするだろうかと考えると難しいかもしれません。ただ、ひとつ言えることは、私が会社を辞めた理由は、それまでの仕事が嫌だからではなく、新たに始めたいことが見つかり、どうしてもその仕事をやりたかったから辞めたのです。そのような前向きな気持ちで独立起業したことが、その後の困難を乗り越えていく上でとても大切なことだったと今は確信しています。

そして、仕事の引き継ぎも、後任の人が困らないようにしっかりと時間をかけて行い、営業成績もトップクラスの数字を残して引き継ぎをしました。最後に社内の人で直接私の仕事に関わって協力して下さった方たちにお礼のはがきを出して、上司や社長には手書きのお礼状を出しました。

会社を辞めて波動の仕事を始めたある日のこと、突然辞めた会社の社長から電話をいただきました。とても社員の多い会社ですから、社長と直接話をする機会などほとんどありません。その社長が、会社を辞めた私に直接電話をかけてきたのです。そして独立した私に「吉野内君、独立おめでとう。最初は大変だろうけど、絶対諦めたらダメだよ、諦めずに続ければ必ず成功するからね」と励ましの言葉をかけてくださったのです。

この時の社長からいただいた言葉は、今でも忘れられない、思い出に残る出来事でした。私からお送りした、15年間の感謝の思いを込めた手紙の言葉が、社長の心に届いたことを確認できたのです。

「立つ鳥跡《あと》を濁さず」と言いますが、新しい世界に出発する時に、後に残る人たちが困らないようにしてから離れることは、とても大切なことだと実感しています。

波動オペレーターへの道

会社を退職した後、今までずっと仕事に根を詰めていたので、少しは休みをとってゆっくりしたいとも思いましたが、神様がすべてを準備して待っていてくれたのでしょうか？

私は一日もゆっくり休むことなく、次の仕事の準備に入りました。

すぐに波動クリエイティブセンター（ＨＣＣＳ）で３週間にわたる研修が始まりました。研修初日に会場へ集まった他の研修生たちと初めて顔を合わせると、ほとんどの人が、30代から50代の男性でした。みんな、波動測定器のことをよく知っており、波動測定技術に関心があって申込んできた人たちなのです。前の職場では、私がいくら波動や波動水のことを説明しても、誰も理解してくれませんでしたが、その時の孤独感と比べると、今はここに同じ価値観で集まってきた仲間がいることがとても嬉しかったものです。初めて会う人ばかりなのに、なぜか懐かしさが込み上げてきました。その中には、私がＨＣＣＳに申込みをするきっかけを作ってくれたＴさんもいました。お互いにしっかりと握手をして、再会を祝ったのでした。

「ＭＲＡ」の音を聞き分ける超音波への挑戦

波動測定器「ＭＲＡ」の操作で一番難しいのは共鳴、非共鳴の音の聞き分けの練習です。スピーカーから音が出てきますが、その音を肉体の聴覚で聞いていただけでは、その変化を聞き分けるのは難しいようです。肉体の耳で聞こえる音の範囲は、周波数で言うと、20ヘルツから2万ヘルツになります。その幅の周波数の音を私たちは耳で聞いているのですが、実際に存在している音というのは2万ヘルツどころか、もっともっと高い周波数の音があります。それを超音波と言いますが、それらの音は人間の耳では聞こえない音なのです。

波動測定器から発生する音が、共鳴音、非共鳴音のように微妙に変化するのは、おそらく2万ヘルツ以上の領域において変化しているのだろうと思います。肉体の聴覚だけで聞いていたのでは、その微妙な変化はわからないのです。それらの微妙な変化を聞きとるためには霊体の聴覚を使う必要があるのです。人間には肉体の他に霊体があります、いわゆるアストラル体とかエーテル体とかコーザル体などのエネルギー体がありますが、そのエネルギー体の聴覚を使って聞く必要があるのです。

もう少しわかりやすく言えば、音を「聞く」のではなく「聴く」、音を心で「感じる」のです。感覚的に変化を感じる、そういう聴き方をしないと共鳴、非共鳴の違いはわからないようです。ほとんどの人が、普段はそういう感覚を使って生活をしていませんので、「ＭＲＡ」の音を最初から聞き分けられる人は少ないようです。

しかし、元来、霊体の聴覚は誰にでも備わっていますので、それを訓練して鍛えることで誰でも聞き分けられるようになります。今までの体験からいえば、若い人ほど早く聞こえるようになりますし、男性と女性を比べると女性の方が早く聞こえるようになります。ですから年配の男性が聞き分けられるようになるのには一番時間がかかることになります。

その当時、オペレーター研修に参加していた人は、ほとんど年配の男性でした。ですから、教える側も相当苦労していましたし、習う側もなかなかわからないということで大変でした。結果的に「波動クリエイティブセンター」というのは、当時一番多いときで70名くらいの方が希望していましたが、ちゃんと測定ができないということで次々と辞めていかれまして、最終的に残ったのが10名ほどでした。

残った中の一人が私なのですが、それほどハードルが高く、当時は教える側もまた、そのような特殊な感覚を使うことをよく理解していなかったので、体系的に教えられなかったのだと思います。

スピーカーから音を出すため、コードを一つひとつ入力して、音を確認していきます。それが共鳴すると、きれいな澄んだ音になります。軽い音、スーッと天に昇っていくような音です。しかし、非共鳴の音は重いのです。低いというのではなくて、重いのです。音の高い、低いで判断しようとする人が多いのですが、共鳴、非共鳴の聞き分けは、音の高低ではなくて、軽いか、重いかという感覚です。もしくは、スムーズに流れているか、詰まっているかという、そういう感覚です。人によってその表現は違っていると思いますが、別の言葉でいえば、心地良い音か、心地良くない音か、耳障りか、そうではないかということです。音楽でいえば「和音」か「不協和音」かということですので、楽器の演奏など音楽に携わっていた方の場合、最初から違いのわかる人が多いですが、その微妙な感覚はずっと練習していると、誰でも必ず聞こえるようになります。

現在行われているオペレーター研修では、研修生が早く音の聞き分けができるようになるための特殊な波動水を私が開発しました。その波動水を飲むことで、霊体の聴覚が活性化されますので、昔の研修と比べて音の聞き分けもスムーズに体得できるようになっています。

波動の測定を行う場合、まず身体の波動から確認していきます。たとえば、胃の波動を発信して測定した場合、共鳴音ならばその方の胃の波動は正常であるということです。非共鳴音の場合は、その方の胃の波動が乱れているということになります。その胃に対して、何が影響しているのかということで、次に毒素のコードを調べて、その毒素を引き寄せているマイナスの感情はどのような感情があるのかを探し出していきます。

マイナスの感情波動とは、その人が日頃から溜め込んできた、様々なマイナス感情になります。「病は気から」という言葉がありますが、確かに病気の原因はマイナスの感情が原因になっているようです。

当時の研修では、マイナスの感情が根本原因と教わりましたが、現在はそこからさらに深い領域の原因を拾い出すことができるようになっています。たとえば、その人がいつも作ってしまう感情は、その人の〝心のクセ〟から生じてきます。別の言葉で言えばマイナスの性格が原因ともいえるでしょう。そして、マイナスの性格をなぜ持っているのかをさらに深く調べていくと、潜在意識の中に持っているマイナスカルマから生じていることがわかってきます。このように潜在意識の中に抱えている情報まで拾い出すことができるようになっています。

研修中の当時は、心の奥深くのメカニズムもわからず、とりあえずその人が溜め込んだマイナスの感情が病気の根本原因であり、それを測定して調べることができること、そしてその溜め込んだマイナスの感情は波動水を飲むことで中和して消すことができることを学び、波動測定の技術を高めてきましたが、それだけでも効果的で素晴らしいことだと思います。

そのような研修を受けながらサロンオープンのために脇目もふらずに突き進んでいました。あっという間に3週間が経って研修が終わり、自分の「MRA」を自分のサロンに設置した時には、これからの未来に対する期待感でいっぱいでした。

今考えると、3週間の研修はとても短かかったように思います。3週間でしっかり「MRA」を使いこなして、きちんと測定ができるようになるかというと、よっぽど能力がある人でないと難しいと思います。

ですから私たちの時代のオペレーターは、非常に荒っぽいやり方で育ったわけです。ただ、波動測定の操作技術は、実際の現場に立って実践を繰り返さないことには身につかないのが事実です。実際にお客様の測定をしながら実力をつけていく、ということはどうしても必要だと思います。客観的に見てサロンをオープンするのはちょっと早かったように感じましたが、いずれにせよ、多少強引であってもこのように順調にサロンを持てたことは幸運だったのでしょう。

私はすぐにサロンをオープンさせる計画を立てていましたので、この研修を受けながら、土日の休みにはサロンの場所を探すために、不動産屋巡りをしてたくさんの物件を見て回りました。そして、法人として会社の登記を行うために馴れない書類を書いて何度も役所へ顔を出しました。すべて自分で行ったのですが、最初の会社設立の手続きは自分で行った方が愛着を持てるだろうということと、余計な経費を節約するためでした。そしてまだ決まっていない会社名を、ああでもない、こうでもないと一人で考えていたのですが、なかなかしっくりくる名前を思いつかず悩んでいました。

ある時、波動カウンセリングの仕事は、いろんな病気や問題を抱えて困っている人を癒す仕事だから、人を癒す存在を社名にしたらどうだろうと思いました。じゃあ人を癒す存在とは何だろうと考えていると、イルカは人を癒す存在だ、イルカは英語で〝ドルフィン〟、そうかドルフィンか……。そのドルフィンという名前を何気なく声に出してみたところ、なんとも言えぬ心地良い響きを感じたのでした。そこで社名を「有限会社ドルフィン」として登記したのです。

後に、株式会社ＩＨＭさんのグループ会社として活動することを目的に、ＩＨＭの名前をいただき、有限会社Ｉ・Ｈ・Ｍ・ドルフィンへと変更しました。私自身、とても気に入っている名前であり、とても良い響きだと思っています。

第2章

サロン経営で学ぶ
心と意識

独立開業によって変化する心と意識

何もツテがなく新規に始めた仕事は、最初から上手くいくことはまずないと思います。私も、当初は赤字覚悟で運営を行っていました。

3週間の研修を受けながら会社を設立し、サロンのオープンに漕ぎ着けたまでは良かったけれど、もともと何も人脈がない場所で、まったく新しい仕事を始めたわけですから、当初、お客様は当然いないわけです。そこからスタートして、集客しながら測定力の技術を高め、サロンの運営を行っていかなければなりません。そして新規事業の場合、売上を採算ベースに乗せていくのは、すぐには難しいところがあります。

独立した時は、私には妻と二人の幼い子供がいましたから、とにかくこの仕事で家族が生活していける収入を手に入れなければならなかったのです。今までの貯金を生活費に充てながら、それを使い切る前に経営を軌道に乗せなければなりません。サロンにいても一日中まったく電話も鳴らず、来客もない日が続くこともありました。そのような時には、誰しもがネガティブなことを考えてしまうように、私もこのままずっとお客様が来てくれなかったらどうしようと考えてしまい、気持ちが落ち込んでしまうのでした。

そのような不安感に襲われていた時期に、私はある自問自答をしてみました。

今のこの仕事を始めたことに不安を抱いているけれど、もし時間を逆戻りできて辞表を提出する前に戻れたならば、この仕事を始めないで前の仕事を続ける道を選択するだろうか？　その方が幸せだっただろうかと。

答えは〝ノー〟でした。前の仕事はどれだけ収入が安定していても、それは物質世界の安定なのです。そのままでは、心の安定はいつまで経っても手に入れることができない、そのことに私はすでに気づいていたのです。

だったら波動測定の仕事を選んだ以上は、後ろを振り返らずに今の仕事を一所懸命やるしかない。とにかく自分ができることをやってやり尽くして、それでも経営がうまくいかない時は、諦めればいい。

全力を出しきって、それでもうまくいかないということは、それ以上のことはできないわけだから、その時はキッパリとあきらめてサロンを閉めようと考えたのです。

このように考えがまとまると、ずっと感じていた不安感は、知らない間に消えていたのです。

サロン運営——三つのコツ実践

一般的に新しい仕事を始めたら、3年くらいは赤字覚悟でやらなければいけないといわれます。波動測定のサロンにしてもやはり同じことがいえるでしょう。

波動測定の技術を高めるというのはもちろん必要なのですが、それだけではサロンを運営できません。サロンを運営するには、他の職業と同じように宣伝をして集客し、来ていただいた方のアフターフォローをする必要があります。

つまり、会社の収益を上げるための細やかな営業活動をやっていかなければならないのですが、私の場合は15年間勤めていた会社をスパッと辞めてしまったので、その時の収入はまったくないわけです。無収入から新規の事業としてサロン運営を始めました。それに結婚もしていましたから、妻と幼い子供が二人いて、家族全員が食べていかなければなりません。そのような大変な状況で、この仕事で食べていけるのかどうか何もわからず、何も保証がないところからスタートしたので、とにかく自分ができることを考え抜いて、それらを実際の行動に起こして一生懸命やっていました。

そんな中で私は、お客様の人数を増やすためにどうすれば良いのだろうと頭を悩ませていました。そんな時、波動測定を教えてくれた江本勝さんが、波動を世の中に広めるには三つのことをいつも実践していればいい、とおっしゃっていたのを思い出しました。

研修中に聞いたその三つのこととは、「裸になる」、「発信をする」、「気配りをする」。この三つを実践していればいいと教えていただいたことを思い出したのです。

「裸になる」というのは、自分自身をさらけ出すということです。「発信をする」というのは、情報の発信です。それから「気配り」は相手の立場を思いやる、気持ちをくみ取るということです。

そこで私がまず実践したのは、お礼の手紙を書くことでした。当時、サロンに来店されたお客様一人ひとりに、測定を受けて帰られた後、必ず手紙を書きました。すべての方へ来店1週間後に手紙をお送りしていたのです。手紙を受け取られた方が、再度お見えになって「お手紙ありがとうございました。とても嬉しかったです」と言ってくださる方もいらっしゃいました。

その時の手紙は、手書きではなくワープロで打っていたのですが、自分の言葉で文章を書いた手紙を受け取るということが少なくなってきた時代ですから、お手紙を受け取られた方はすごく喜ばれて、波動水の効果に関係なく（いや、効果はあるのですが）、手紙をいただいたから嬉しくてまた来ました、という方も非常に多かったのです。

それをずっと続けていましたが、順調にお客様が増えてきて、1ヶ月に30人くらいのお客様が見えられるようになってきました。平均すると1日一人なのですが、それだけの件数になると全員に手紙を書いて出すというのは、ものすごく時間をとられる作業になり、一人ひとりに手紙を書くのはちょっと難しくなりました。そこでいろいろ知恵を絞って考えた結果、全員まとめて出せる「ドルフィン通信」というニュースレターを書くことにしました。

そのレターは、その月に来てくれた人だけではなくて、1回見えられてしばらく来ていない方も含めて全員に出すようにしました。最初に出した時は100通くらいでした、それを毎月1回書くようにしました。そうするとだんだん出す数が増えていきます。

新規のお客様は日々増えていくわけですから、郵送する数も段々増えてきて、最終的には毎月500通以上出すまでになりました。そして、そのニュースレターを書いて出すということが、先にお話をした「裸になる」、「発信する」、「気配りする」という三つのことをすべて行っていることに気づきました。

その通信の内容はというと、とにかく自分のことを書くわけです。私がどういう人間で、どういういきさつでこの仕事を始めて、どういうことを考えながら、どういう目的で今の仕事をしているのか、というような内容です。自分の考えや思いを書くわけですから、それが「自分が裸になる」ということになります。

お客様は、「あそこのサロンの吉野内さんという方は、こういう人なんだな。こういう考え方で、こういう気持ちで、こういう目的で仕事をしているんだな」と知っていただいているので、安心して波動測定を受けに来ることができるのです。

二つ目の「発信」というのは、通信をそのままお送りすることが情報の発信になっているわけです。「気配り」というのが、受け取るお客様のことを考えながら、その方たちに必要な情報をできる限り掲載して発信しているということで、それを書いて出すだけで、この三つの「裸になる」、「発信する」、「気配りをする」ということを全部実行していることになります。今は残念ながらカウンセリングや講演に時間をとられてしまい、ここしばらく書いていないのですが、今はＹｏｕＴｕｂｅで動画を配信していますので、よろしければチャンネル登録してください。

最後に書いた時は情報量が多かったので、Ａ４サイズで８ページもあります。これをコピーしてみなさんに郵送をしていました。この通信を出すようになって、スムーズにお客様が増えてきました。みなさん、楽しみに読んでくださっていたようです。中には全部ファイルして保存している方もいらっしゃいました。これは自分のところの宣伝ですから、広告宣伝費として、印刷代とか切手代とかを経費で落としていましたが、お客様がこんなに良い内容のものをタダで送ってもらうなんて申し訳ないということで、郵便為替とか切手などを送ってくれる方もいらっしゃいました。また、お歳暮の品を送ってくださる方もいらっしゃいました。

私が始めたのは、まったく新規の仕事ですから、経営がどうなるか本当にわからなかったのですが、お客様に来ていただくために、そして売上を伸ばすために何が必要であるかを一生懸命に考えて、必要なことを全部箇条書きにして優先順位を決めました。

その中で実際に自分ができることを一つずつ実行していきました。この「情報の発信」というのは優先順位の一番でしたので、すぐに実行に移したのですが、それまで文章をほとんど書いたことのない私が、大勢の人を対象にした文章を書くのには、かなりの抵抗がありました。まず、自分のことを素直に書くのがとても恥ずかしかったのです。でも、そんなことを言っている場合ではありません。売り上げが伸びなければ家族で生活していけませんから、恥ずかしさを拭い去りながら文章を書いて、最後は何も考えず勢いで投函しました。

しかし、これを出すようになってから、安定してお客様が増え、開業したその年から黒字経営で、自分の給料も出るようになっていきました。そして、続けているうちに文章を書くことが楽しくなってきたのです。このように、現実世界における行動を通して、人は体験を積み重ね、自分の潜在意識を変えてゆくことができることを、少しずつ理解し始めていたのです。

そして、その日から私は、サロンの運営に必要な事柄を考えられる限り箇条書きに抜き出し、その中で優先順位を決めて、そして実行可能なことから行動に移していきました。そうすることで、それ以前に感じていた、経営に対する不安や恐怖をほとんど感じることがなくなり、そして、実際の売り上げもスムーズに伸びていったのです。

このような、サロン運営の立ち上げ時期における様々な心の中の葛藤と、湧いてくるネガティブな感情に対して、どのような対処をすれば良いのかという経験は、波動の測定を受けに見えられるお客様のカウンセリングに大いに役立ちました。

カウンセリングの本は、書店に行けばたくさん並んでいますが、本に書いていることや、スクールで習ったことは、あくまで知識として身についているだけなのです。それらの知識が本当に役立つようになるには、自分自身の経験に基づいた言葉として、お客様に伝えられるようになった時なのです。

そういう意味において、私は独立開業していろいろな苦しみや不安の中で、サロンを運営していたことは、同時にカウンセリングを行うのに必要な経験をしていたことになります。

今だから、冷静に考えてそのように受け止めることができますが、その当時はとにかく先が見えないわけですから、とにかくがむしゃらに仕事をしていました。

人の意識の仕組み

　今、私のサロンに見えられるお客様は、実に様々な悩みを抱えていらっしゃいます。昔の私のように、あがり症や人前で話をするのが苦手な性格を治したいという人も確かに多いのですが、一番多いのは健康に関する相談です。

　特に肉体に関する症状はいろいろありますが、現代病と呼ばれるような、花粉症やアトピー性皮膚炎などのアレルギー症状、糖尿病などの生活習慣病、他にもいろいろな症状の方が見えられます。

　そして夫婦関係や、職場の部下や上司などの人間関係で悩んでいる方、また収入や仕事などの悩みを相談する方もいらっしゃいます。その他には、悩みではありませんが、受験や就職、スポーツの成績、恋愛成就など、目標や願望を実現したいという相談の方もいらっしゃいます。

　特に目標や願望を実現するための解決方法として、一番簡単に手に入れられる情報は、いわゆる「ノウハウ本」でしょう。書店に並んでいるそれぞれの本を読んでみますと、人生で成功するためのノウハウや、お金持ちになるための方法など、具体的に何をすれば良いかが書かれている本もあります。そして、それらの本を読んでいる人が世の中に大勢いるようです。次から次へと新しい「ノウハウ本」が刊行されていることからもわかります。

ところが、本を読んで内容を理解し、「これで自分の願望を実現できる」と思う人は多いようですが、実際に実現できたという声はあまり聞かれません。本の中に書かれている情報は正しくても、それを知っただけでは、願望は実現しないのです。情報を知って、それを実践する、行動に起こす、そうすることで願望が実現されるのです。

なぜ、行動に起こすことで願望が実現されていくのでしょうか？

もちろん、お金を手に入れたいという願望は、現実の世界で働くことが収入に繋がり、一番直接的な願望達成手段です。しかし、ノウハウ本の中に書かれている情報は、その願望実現に直結することはあまり書かれてなく、トイレ掃除をするとか、靴をきちんと揃えるとか、ゴミを拾うなど、誰でもちょっと意識していればできることを多く勧めています。

つまりそれは、そのような行為を実際体験させることで、そこに経験を生じさせることを狙っているのです。私たちは、日々の生活の中でいろいろな行動を起こして、それに伴う経験を重ねています。その経験は、自分の意識の中に記憶され情報として残ります。その情報が意識の状態を変える力を持っているので、その積み重ねによって願望が実現していくのです。

経験を通して記憶された、意識の中の情報が多ければ多いほど、意識が成長してゆき、あらゆる物事に対処できるようになるからなのです。

波動測定器ＭＲＡを使って行う「波動カウンセリング」は、いろいろな人の様々な相談に対応することができます。なぜそんなことが可能なのでしょう？

人が抱えている問題の根本原因は、その人の潜在意識の中にあるネガティブな情報にあります。ＭＲＡを使った波動カウンセリングでは、相談者が潜在意識の中に抱えているネガティブな情報を測定して拾い出し、その情報を解消していくためのサポートを「波動水」で行うのです。

現実世界に抱えている問題は、その人が潜在意識の中に抱えているネガティブな情報が根本原因となって生じていますから、『波動水』を飲むことによって潜在意識の状態が変わっていき、あらゆる相談に対応することができ、問題を解消することができるのです。

私たちの本質は意識である

ここで人の意識について、詳しく考察してみましょう。

私たちは、肉体を持ってこの世界に誕生し生きています。自分の家族や知り合いを認識するには、まず顔や体つきを見て、本人であることを確認します。ですから、私たちの存在というのは、肉体が本質であると思っている人が多いようです。でも、人は肉体だけの存在ではなくて、心や意識（魂）を持っている存在です。感情と呼んでいるエネルギーは心から生じてきますし、性格と呼ばれる資質など、目に見えない部分を、肉体と同様に持っていることは明らかです。

それでは、その身体と意識は、どちらが主体なのでしょうか？

身体の細胞は毎日入れ替わっていますが、顔や体つきはほとんど変化しません。朝起きて鏡を覗いたら、別の人の顔になっていたなんてことはありません。そして、誰もがいつかは「死」を迎える日がきます。人が死んだ後、そのまま身体を放置しておくと、次第に腐敗して最後は土に還っていきます。

このようなことを考えてみると、私たちの身体は、その形を作るためのエネルギーがあって、初めて今の身体が存在していることがわかります。その、身体の形を存在させているエネルギーのことを「意識」や「魂」と呼んでいるのです。

これらのことから、私たちの主体は意識であり、そのエネルギーの存在によって身体が保たれているのだと理解することができます。

共鳴現象（引き寄せの法則）

私たちの意識は身体を形作っているエネルギーであり、その意識の中には今までの人生の中で、行動を通して経験したことが情報として記憶されています。この記憶されている情報の違いによって、それぞれ人の意識のエネルギー状態が違ってくるのです。

エネルギーには、「共鳴現象」という宇宙の法則があります。同じ周波数のエネルギーは、共鳴して伝わる、もしくは集まるという法則です。

小学校の理科の授業で、音叉を使った実験をしたことがあると思います。

たとえば、４４０ヘルツの音叉を二つ用意して、一方の音叉を叩きます。すると、叩いていないもう一つの音叉も振動し始めるのです。もう一方の音叉にはまったく触れていないにもかかわらず、隣の叩いた音叉から発信された音に共鳴して振動を起こすのです。

それでは、代わりに４４０ヘルツと４４５ヘルツの音叉を置いてみるとどうでしょうか？

今度は、叩いた方の音叉しか鳴りません。５ヘルツ違ってしまうと共鳴現象は起こらず、叩いてない方の音叉はまったく振動しません。

自分の意識というエネルギーが、どのような情報を持っているのかによって周波数が決まりますので、その周波数に共鳴する情報が集まってきて、身の回りの現象が起こるのです。

どのような仕事に就くか？　どのような友人ができるか？　そして、どのような幸運が舞い込むか？　すべて自分の意識の中の情報によって決まってきます。その情報がネガティブなものであれば、病気や事故を引き寄せることもあるでしょう。だから、そのような事態になることを避けたい人は、そうなる前に意識の中のネガティブな情報を解消しておくと良いのです。

２００８年頃に『ザ・シークレット』という本がベストセラーになりましたが、あの本の中に書かれていることは、まさしくこのことなのです。

心の中で思ったことや、祈ったことは、それ自体がエネルギーであり、引き寄せの法則（共鳴現象）で現実化する、だからできるだけ良いことや、周りの人が喜んでくれることを思いましょう、ということが書かれています。

この本を読んで、自分の願い事を実現しようと試した人は数多くいらっしゃったようです。たくさんのお金を手に入れたいと思った人は、毎日お金が手に入るように、心の中で強く思い続けてみたようです……しかしその結果、まったくお金は手に入りませんでした……。

残念ながら、そのような声をたくさん聞きます。

毎日、思い続けたのに現実化しなかった、引き寄せが起きなかったと、多くの人たちが落胆しています。それでは『ザ・シークレット』の中に書かれていることは嘘なのでしょうか？

ここで、人の意識がどのような仕組みでできているのかを見てみましょう。

心理学の世界で有名なカール・ユング博士の説明によると、人の意識は大きく顕在意識と潜在意識に分けられるそうです。そして、潜在意識はさらに個人的無意識の領域と、普遍的無意識の領域に分けられます。

情報の単位はビットになりますが、人は1秒間に1100万ビットの情報を受け取っているそうです。ところが、顕在意識で実際に認識できる情報は、その中のわずか5〜40ビットしかなく、残りの情報は、顕在意識で認識できていないけれど、潜在意識ではきちんと受け取っているそうです。つまり、それくらい膨大な情報を潜在意識では記憶していることになります。

これらの意識は、それぞれ3次元、4次元、5次元の意識と表現できます。3次元の顕在意識は私たちの身体が存在している世界で、すべての人が共通認識できる世界、つまり「結果の世界」です。4次元、5次元の潜在意識は、いわゆる無意識の世界、「原因の世界」になります。

3次元の結果として表れている現象の、その原因になる情報は、4次元、5次元の潜在意識の中にあるのです。ですから、3次元の結果を変えたいのならば、4次元、5次元にある原因の情報を変える必要があるのです。

引き寄せの法則でお金を手に入れようとしたけど、上手くいかなかった人たちは、おそらく顕在意識の中だけで思いを込めたのでしょう。

顕在意識で、お金をたくさん手に入れたいと強く思っても、それは3次元の「結果の世界」でお金を求めているわけですから、お金がなくて困っている自分を強く固定化しているだけにすぎないのです。本当にお金を手に入れるには、潜在意識の中に抱えている情報、つまりお金を手に入れるのを邪魔している情報を解消していく必要があるわけです。

私のところで行っている波動カウンセリングでは、その潜在意識の中に抱えているネガティブな情報が、解消されていくように働きかける波動水「数霊《かずたま》セラピーウォーター」をご提供しています。ただし「数霊セラピーウォーター」を飲んだだけで何でも実現可能なのかというと、そうではありません、自分で努力する必要もあるのです。

「数霊セラピーウォーター」の効果を簡単に説明すると、次ページの表のようになります。

私たちは誰でも、多かれ少なかれ、潜在意識の中にネガティブな情報を持っています。その影響が表面化したものが、マイナスの性格とか心のクセと呼ばれているものです。そのようなネガティブな情報を持っていると、共鳴現象によってネガティブなエネルギーを引き寄せてしまいます。

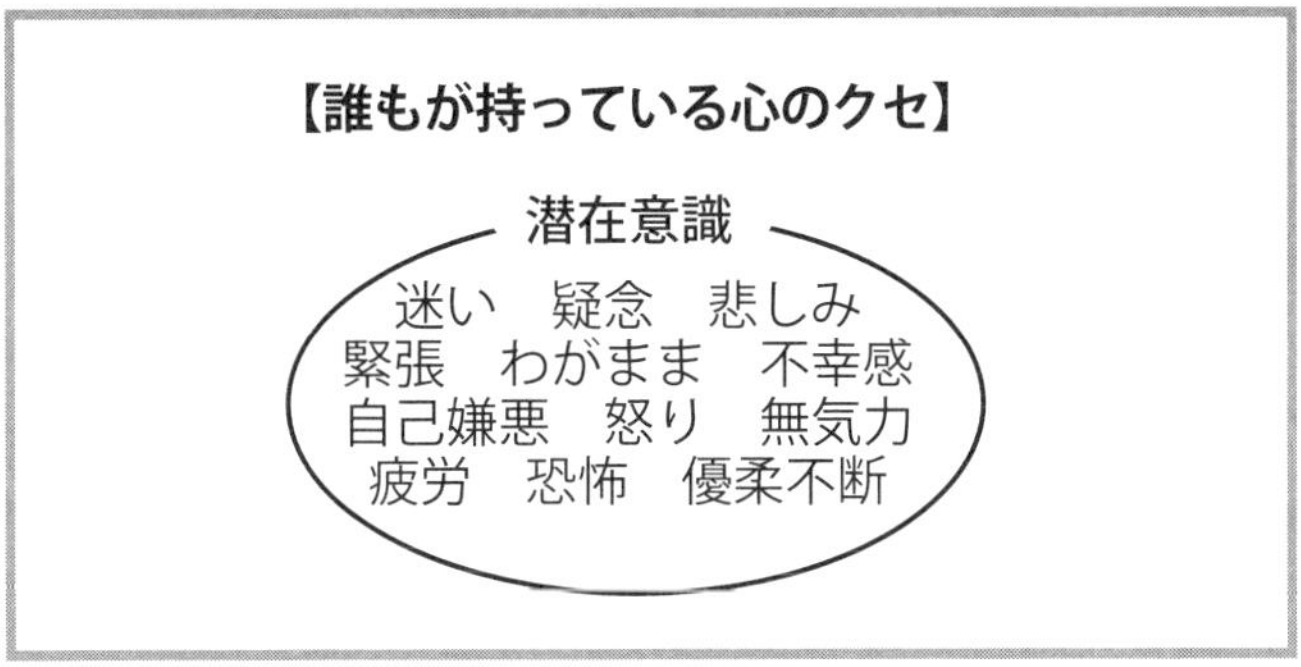
【誰もが持っている心のクセ】
潜在意識
迷い　疑念　悲しみ
緊張　わがまま　不幸感
自己嫌悪　怒り　無気力
疲労　恐怖　優柔不断

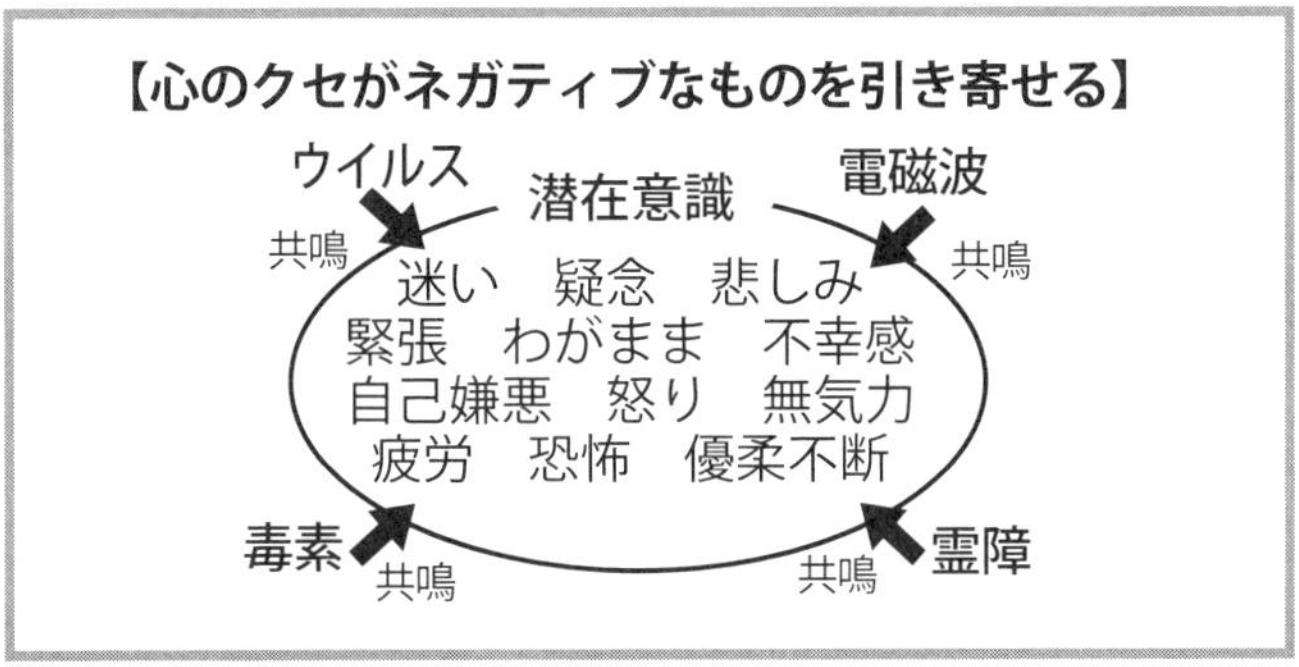
【心のクセがネガティブなものを引き寄せる】
ウイルス
共鳴
電磁波
共鳴
潜在意識
迷い　疑念　悲しみ
緊張　わがまま　不幸感
自己嫌悪　怒り　無気力
疲労　恐怖　優柔不断
毒素
共鳴
霊障
共鳴

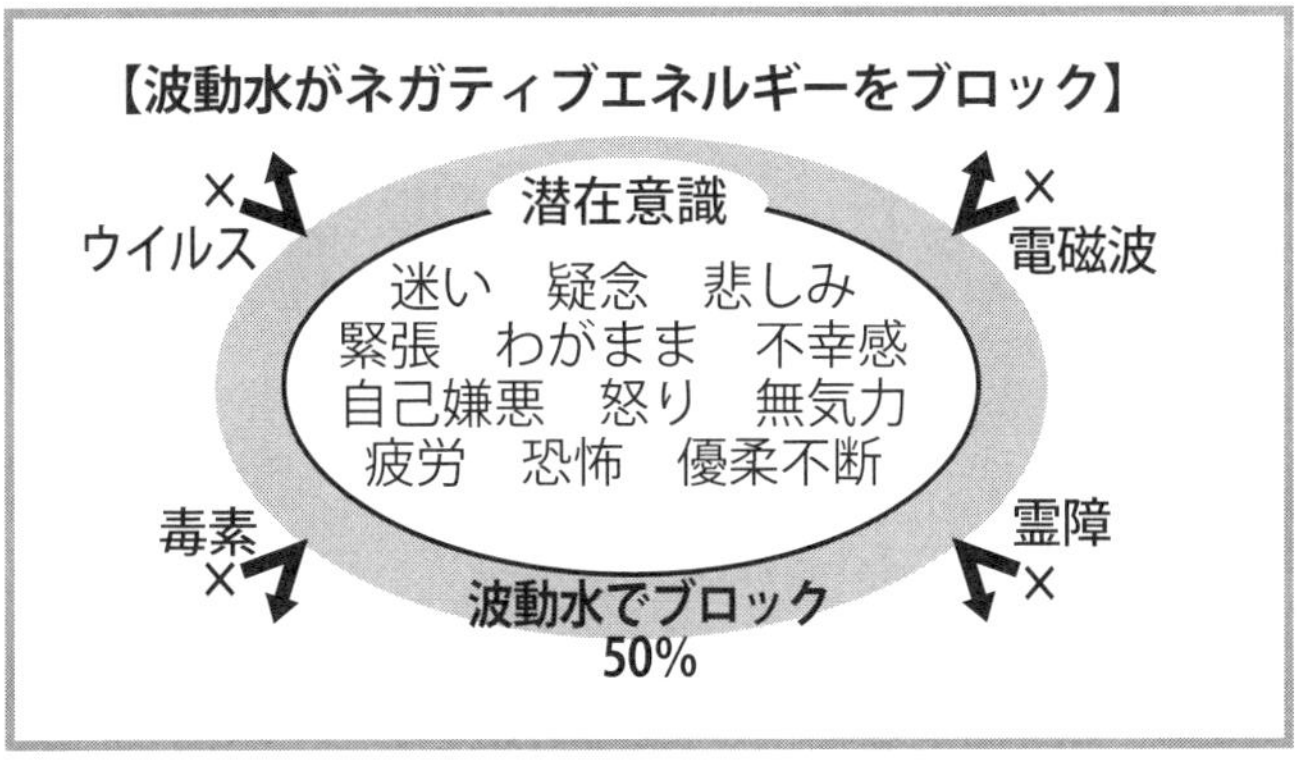
【波動水がネガティブエネルギーをブロック】
×
ウイルス
×
電磁波
潜在意識
迷い　疑念　悲しみ
緊張　わがまま　不幸感
自己嫌悪　怒り　無気力
疲労　恐怖　優柔不断
毒素
×
霊障
×
波動水でブロック
50%

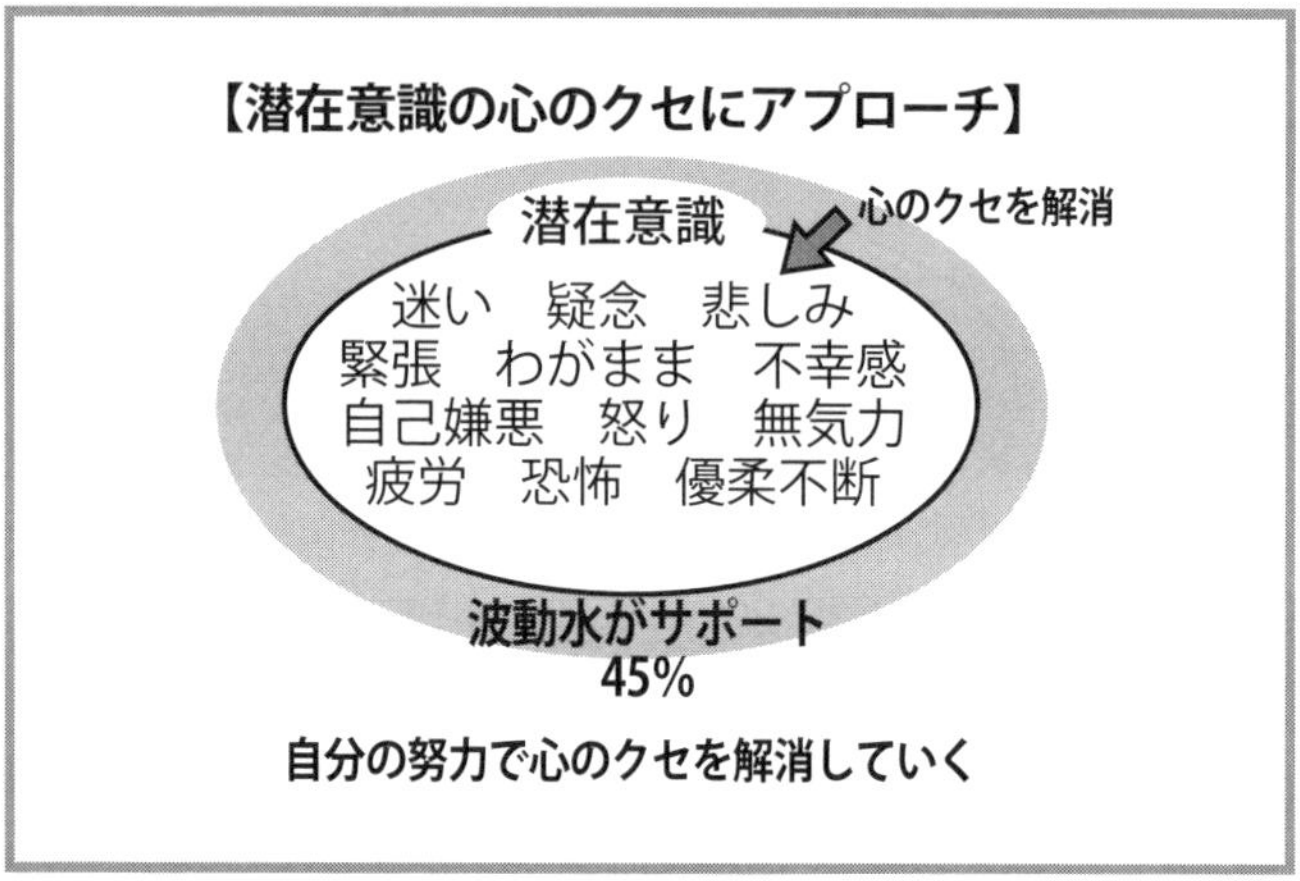
【潜在意識の心のクセにアプローチ】
潜在意識
心のクセを解消
迷い　疑念　悲しみ
緊張　わがまま　不幸感
自己嫌悪　怒り　無気力
疲労　恐怖　優柔不断
波動水がサポート
45%
自分の努力で心のクセを解消していく

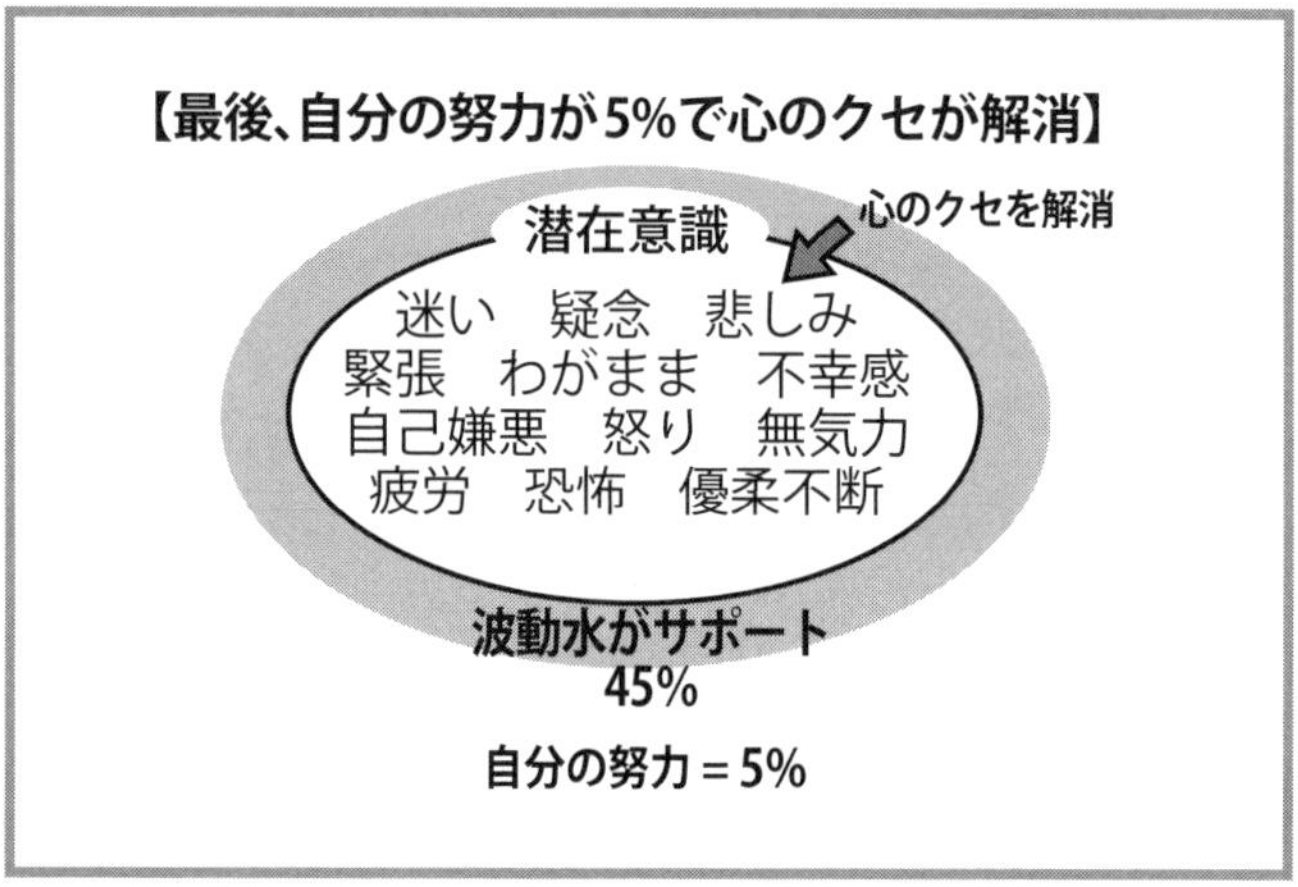
【最後、自分の努力が5%で心のクセが解消】
潜在意識
心のクセを解消
迷い　疑念　悲しみ
緊張　わがまま　不幸感
自己嫌悪　怒り　無気力
疲労　恐怖　優柔不断
波動水がサポート
45%
自分の努力＝5%

たとえば、ウイルスや電磁波、そして毒素、霊障などのエネルギーがそれです。このようなネガティブなエネルギーの影響を受けてしまうと、その影響から身体部位の波動が乱れて、いろいろな症状となって現れてきます。そして、さらにネガティブな感情を作り出してしまい、ネガティブエネルギーを引き寄せてしまいます。体調を崩している人は、まさにこのような負のスパイラルに陥っている状態にあるといえます。

そのような状態にある人が、「数霊セラピーウォーター」を飲むことで、引き寄せていたネガティブなエネルギーを遮断することができます。それだけで50パーセントは楽な状態になれます。ただし、潜在意識の中に持っているネガティブな情報は、まだそのまま残っていますので、根本的な解決にはなっていません。

さらに、「数霊セラピーウォーター」は、潜在意識に働きかけてネガティブな情報を解消しやすい状態にしてくれます。これで残りの45パーセントをサポートしてくれますので、最後は5パーセントの努力になります。

前にもお話をしましたように、この5パーセントの努力は、必ず自分で行わなければならない努力の部分です。しかし、「数霊セラピーウォーター」を飲むことで、自分の努力が100パーセント必要だった状態から、たった5パーセントの努力だけで済む状態になれることはとてつもなく大きいサポートだと思います。

90年代に弾けた波動バブル

みなさんは1990年代に、波動ブームと呼ばれた時代があったのを、ご存じでしょうか？アメリカの会社で開発された、MRA（Magnetic Resonance Analyzer）と呼ばれる波動測定器を、株式会社IHMが、日本へ輸入販売したことがきっかけで、波動ブームが始まったのです。

株式会社IHMの代表である江本勝氏が当時経営していた鍼灸院にて、MRAを使って来院した患者さんの波動測定を行い、目を見張るような結果を出していました。その噂を聞きつけた船井幸雄氏が、波動測定を体験するために来店したのです。実際に測定を受けた船井氏は、このMRA波動技術は本物であると確信して、自身の著書『これから10年本物の発見』で、波動測定器MRAと江本氏のこと、そして自身が体験した波動測定のことを詳しく紹介しました。このことから、多くの人が波動測定器MRAを知る流れが生じて、次々と興味を持つ個人や企業の担当者が集まってきたのです。公にはされていませんが、当時は大手外食チェーン店や食品加工メーカー、文房具メーカー、農業関連企業などが、波動技術を取り入れて、商品原料の選定や商品開発などを行っていました。また、医療関係の人や波動機器の開発に興味のある人たちも集まるなどして、サトルエネルギー学会という団体も組織されました。

そのような中で、波動測定器ＭＲＡを購入して使用する人が増えると共に、ＭＲＡの内部回路を調べてコピーした装置を作る人も出てきました。さらに、ＭＲＡが本当に波動と呼ばれているエネルギーを測定しているのか検証する人もいました。その中の一人が個人的な見解として、ＭＲＡは波動の測定を行っているのではなく、単に皮膚の電気抵抗値を測定しているのであると実験結果を出しました。そして、その実験結果をサトルエネルギー学会の研究発表の場で発表してしまったのです。単に個人的な実験結果であり、科学的条件を備えた実験であったかどうかも、あやふやな内容であったにもかかわらず、公の場で発表をしてしまったのです。

この発表をきっかけに、多くの会員が退会していくこ

ととなりました。確かに、波動測定器ＭＲＡは科学的に証明された装置ではなく、実際に使用した結果から生じる現象を、科学的な手法で解明していく状況にある装置だったことは間違いないと思います。そして、今でも科学的な証明はされていない装置であることは同じですが、今は新たな科学者の研究発表によって、少しずつ証明されつつある状況が、昔とは違っていると思われます。

結局、サトルエネルギー学会の研究発表の場でその実験結果が発表されたことにより、大きな波紋が生じて、ＭＲＡはインチキだったと思い込んだ人たちは、次々と退会していき、波動の世界から去っていったのです。その当時から、波動の世界に関わっていた私は、その時の状況を当事者としてつぶさに眺めていましたが、実際には波動技術をビジネスに活用して、儲けたいと考えていた人たちが、さっさと離れていったようなのです。今思えば、欲の塊であった人たちがこの業界から離れていったことは、長い目で見れば良かったことなのだと思います。

当時の波動測定器ＭＲＡは、とても高価な装置でした。最初に作られた装置ＭＲＡオリジナルから、少しずつバージョンアップされてきましたが、価格帯は８００万円前後と、一般の人にはとても手を出せませんでした。ほとんどの購入者は企業であり、ビジネスに活用するために購入するという形だったのです。安定して輸入を行うためには、販売台数を伸ばさなければなりません。そのためにはもう少し別の形で販売展開を行っていく必要があったのです。サトルエネルギー学会の一件があったにもかかわらず、株式会社ＩＨＭでは新たな展開を考えていました。そこで、考案されたのは波動測定を行うサロンを展開して行くことでした。

当時、株式会社ＩＨＭで行っていた波動相談業務（お客様の波動測定をして、その人に必要な波動水を提供するサービス）を、社外の同じ仕事を希望する人たちにノウハウ提供していくことにしたのです。全国に波動サロンが展開されていけば、使用するＭＲＡもたくさん必要になります。さらに、江本氏の著書を読んで波動相談を希望する人が全国にたくさんいたので、上手にサロンを展開できれば、お客様の需要にも応えることができます。そこで、そのサロン名を、波動クリエイティブセンターと名付けて、オーナー希望者の募集を開始しました。

当時、全国に1万人ほどいた株式会社ＩＨＭの会員の中からとても強く興味を持っている人が申込みをしました。1年間で約70名の人が申込みをしましたが、その中の一人が私でした。

申込者が大勢いる中で、オペレーター研修が行われ、認定試験に合格したあとサロンオープンの流れになっており、次々と全国に波動サロンがオープンしていったのです。ところがしばらくして、オープンしたにもかかわらず十分なお客様が来てくれなくて、経営が順調に進まないサロンがたくさん出てきました。その当時の状況を知っている私が、なぜサロン運営が上手くいかないのか分析してみた結果、

1．ＭＲＡの供給とメンテナンスが不安定であった

2．波動測定技術が十分に確立されていなかった

3．サロン運営の経験者がいなくてビジネスノウハウがなかった

などが挙げられます。波動サロンを全国展開していくには、時期尚早だったのでしょう。

その頃からサロンを辞めるオーナーがたくさん出てきて、結果的に波動バブルの時代は終焉を迎えたといえます。ただし、その中には波動を信じて活動や研究を続けている人も、わずかながら残っていましたので、その人たちのたゆまない努力によって波動の火は消えることなく点り続けており、令和の時代になった今再び注目され始めているのです。

波動水が潜在意識に働きかける仕組み

波動バブルが弾けた後も、引き続き波動測定の研究を続けたことで、波動水の効果は格段に高くなりました。そして波動水を飲む人の潜在意識に強く働きかける波動水を作ることができるようになったのです。

世の中の多くの人は、何らかの問題を抱えている人がほとんどだと思います。たとえば身体の不調や、人間関係におけるトラブル、仕事とお金に関する問題などです。それらの問題の原因は、普段の食生活や生活習慣であったり、自分の周りにいる人であったり、勤めている会社であったりします。

ただし、そのような原因は自分の外側の世界にある原因であり、本当の根本原因ではないのです。根本原因は、自分の内側にあるのです。わかりやすく説明すると、私たちの潜在意識には膨大な量の情報が記憶されています。その情報のほとんどは、私たちが生きていく上で必要な情報なのですが、中には必要ではないネガティブな情報も記憶されているのです。

たとえば、もの凄く怖い思いをした時の体験や、もの凄く悲しい思いをした時の体験、凄く怒りを感じた時の体験など、いろんなネガティブな体験情報も記憶されているのです。そして、時間が過ぎるとそれらのことは忘れてしまいますが、潜在意識にはそれらの情報が記憶されていますので、普段生活をしている時には、それらの情報の影響を常に受けているのです。

その結果、私たちにはマイナスの性格が生まれてきます。マイナスの性格からは、ネガティブな感情が湧いてきます。その感情を自分の中に溜め込んでしまうと、身体に不調な部分が生じてきます。また、マイナスの性格を持っていますと、人間関係においてもトラブルが生じやすくなります。さらにマイナスの性格は、マイナスの思考パターンを作り、そこからマイナスの行動パターン

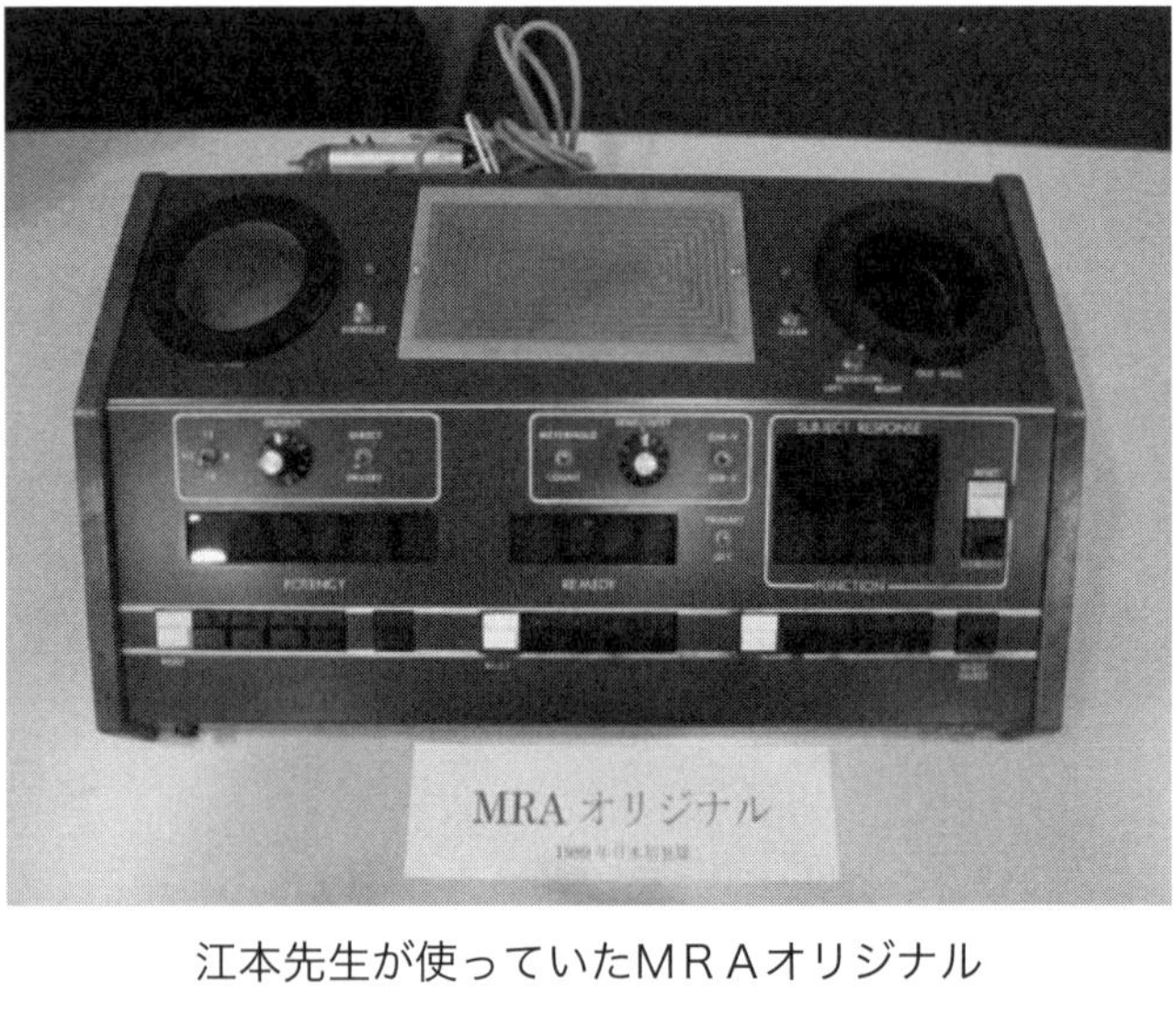

江本先生が使っていたＭＲＡオリジナル

へと広がってしまいます。

約束の時間にいつも遅刻してしまうとか、机の上がいつも散らかっているとか、いつも大切な物が探しても見つからない状態になるとか。このような問題や悩みを抱えている人は大勢いると思いますが、それらの問題が生じているのは、その人のマイナスの性格からなのです。そして、マイナスの性格が生じている原因は、潜在意識の中に記憶されているマイナスカルマやトラウマと呼ばれているネガティブな情報なのです。


一つ事例を紹介したいと思います。

ある方が波動測定を受けに見えられました。その方のマイナスの性格は、あがり症・人見知り・口下手というもの凄く内向的な方でした。身体の不調は、喉の違和感・皮膚の炎症・腰痛持ちでした。人間関係においては、特定の人との間でトラブルなどはありませんでしたが、初対面の人とは打ち解けられないという悩みを抱えており、マイナスの行動パターンとして、一人で初めての飲食店に入れない・自分から周りの人に話しかけることができない状態でした。このような悩みを抱えていたのですが、内向的な性格を作っている根本原因を、潜在意識の中に探してみたところ「非常な恐怖」というネガティブな感情波動が強く反応を示したのです。

「非常な恐怖」の情報を持っていることによって、共鳴の法則によりネガティブなエネルギーが引き寄せられてしまいます。電磁波・ウイルス・毒素・霊障などのネガティブなエネルギーが共鳴現象によって集まってくるのです。そして、それらのエネルギーの影響を受けてしまうと、体調を崩してしまい重症の場合は寝込んでしまうことになります。

そのような状態の時に、数霊セラピーウォーター（波動水）を飲むと、引き寄せていたネガティブエネルギーの影響をブロックしてくれます。そして、自然治癒力が発揮されることで、徐々に健康な状態に戻っていけるのです。ただし、健康な状態になって日常生活が普通に送れるようになったとしても、そこで波動水を飲むのを止めてしまうと、元の状態にまた戻ってし

【潜在意識のネガティブ情報】

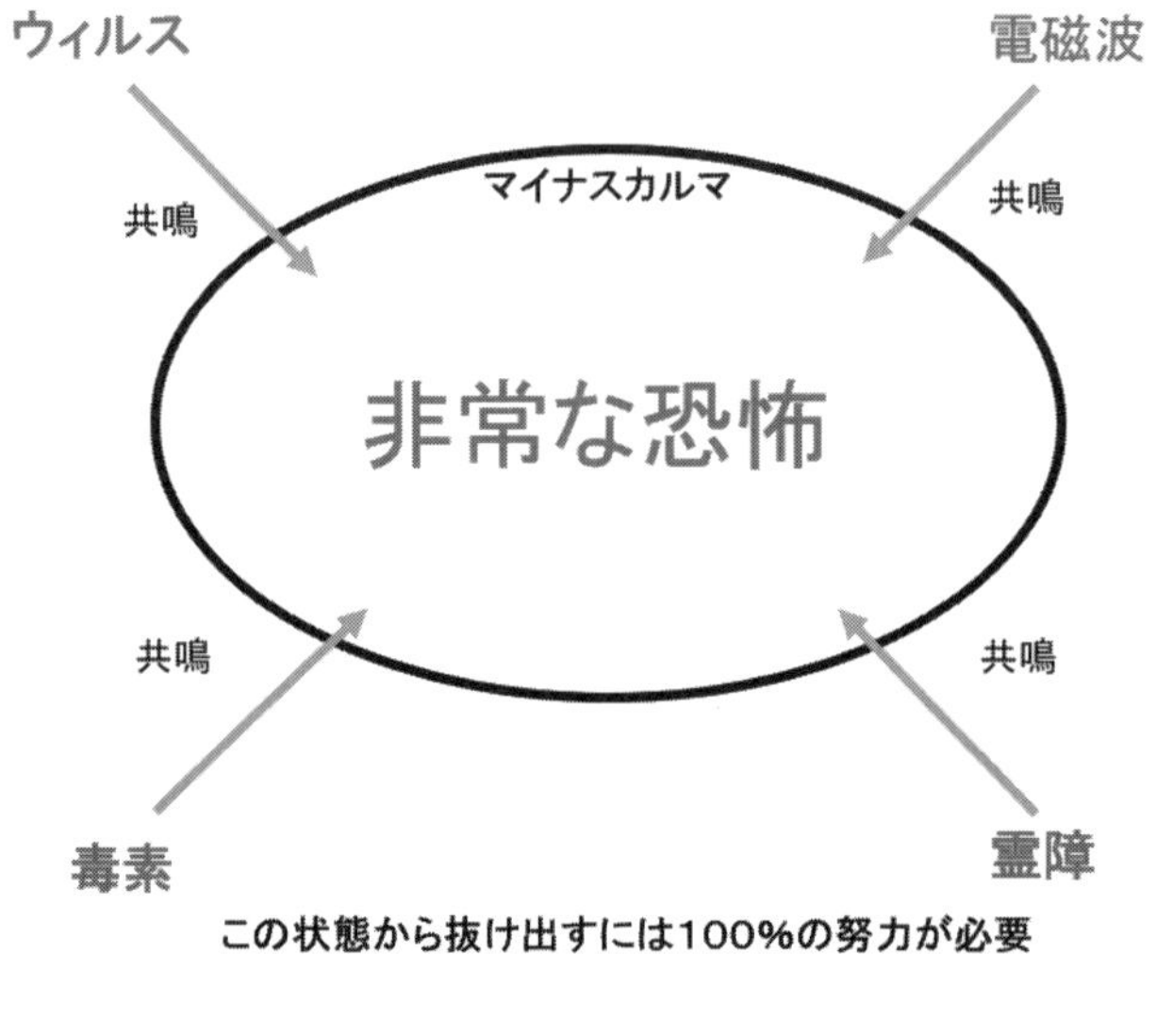

この状態から抜け出すには100%の努力が必要

まいます。なぜなら、根本原因である「非常な恐怖」の情報がまだ残っているからです。そのため、波動水を飲みながら、カルマの情報である「非常な恐怖」の影響が解消されるように自分で努力する必要があります。カルマの解消は自分で取り組むしかありません。そして、自分の努力だけで解消するには、かなりの努力が必要です。でも、波動水を飲んでいると、そのサポートもしてくれるので、とても楽に解消していくことができます。最後に少しだけ努力すれば良いのです。最後の努力はたった5パーセントで良いのです。後の95パーセントは波動水が助けてくれます。

今回の事例で紹介させて戴いた方は、波動水を飲みながら自分で行動を起こす努力

【潜在意識のネガティブ情報】

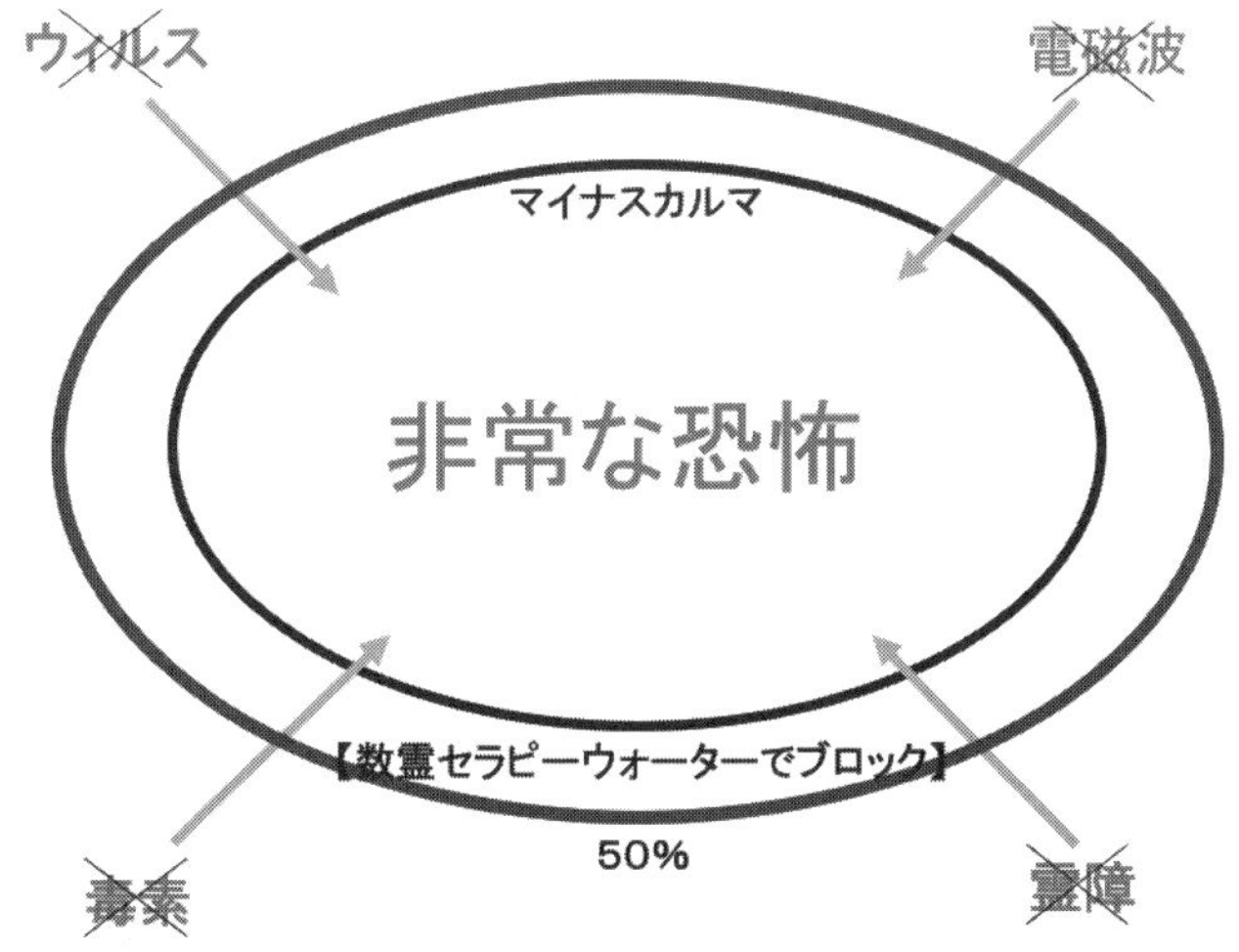

を5パーセントだけ行いました。具体的には、自分から周りの人に話しかけること、そして大勢の人の前でスピーチをすることに取り組んだのです。その結果、潜在意識に記憶されている「非常な恐怖」の影響は解消されて、内向的な性格は社交的に、身体の不調は解消され、初対面の人とも打ち解けられ、初めてのお店でも一人で入って食事を楽しむことができるようになったのです。実は、この人は28年前の私自身です。今はたくさんのセミナーを行い、大勢の人の前でお話をさせていただいておりますので、皆さんからは28年前の内向的な性格の私を想像することができないと思います。それくらい人は変わることができるということをお伝えしたいのと、私自身が体験し

【潜在意識のネガティブ情報】

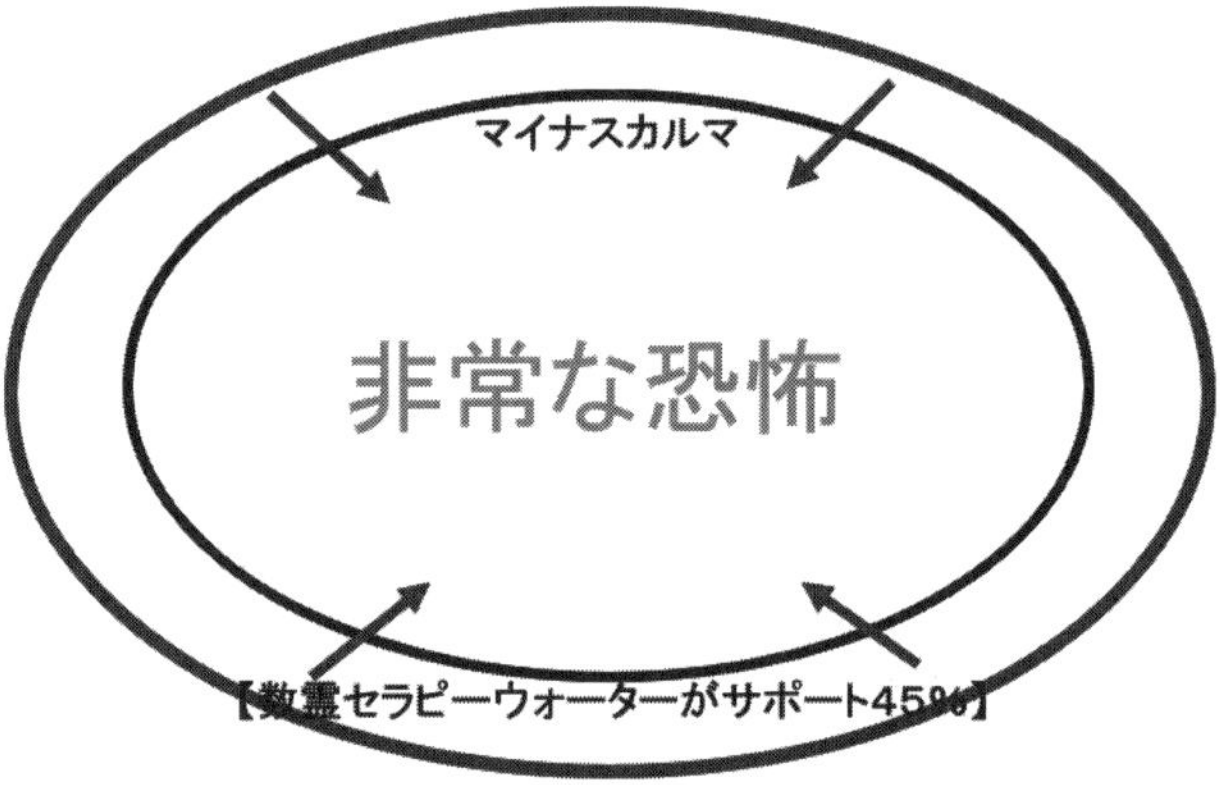

残りを自分の努力で解消して行く

たことをお話させていただいておりますので、お読みになられた人たちの心に、私の思いが届いているのではないかと思っています。

【潜在意識のネガティブ情報】

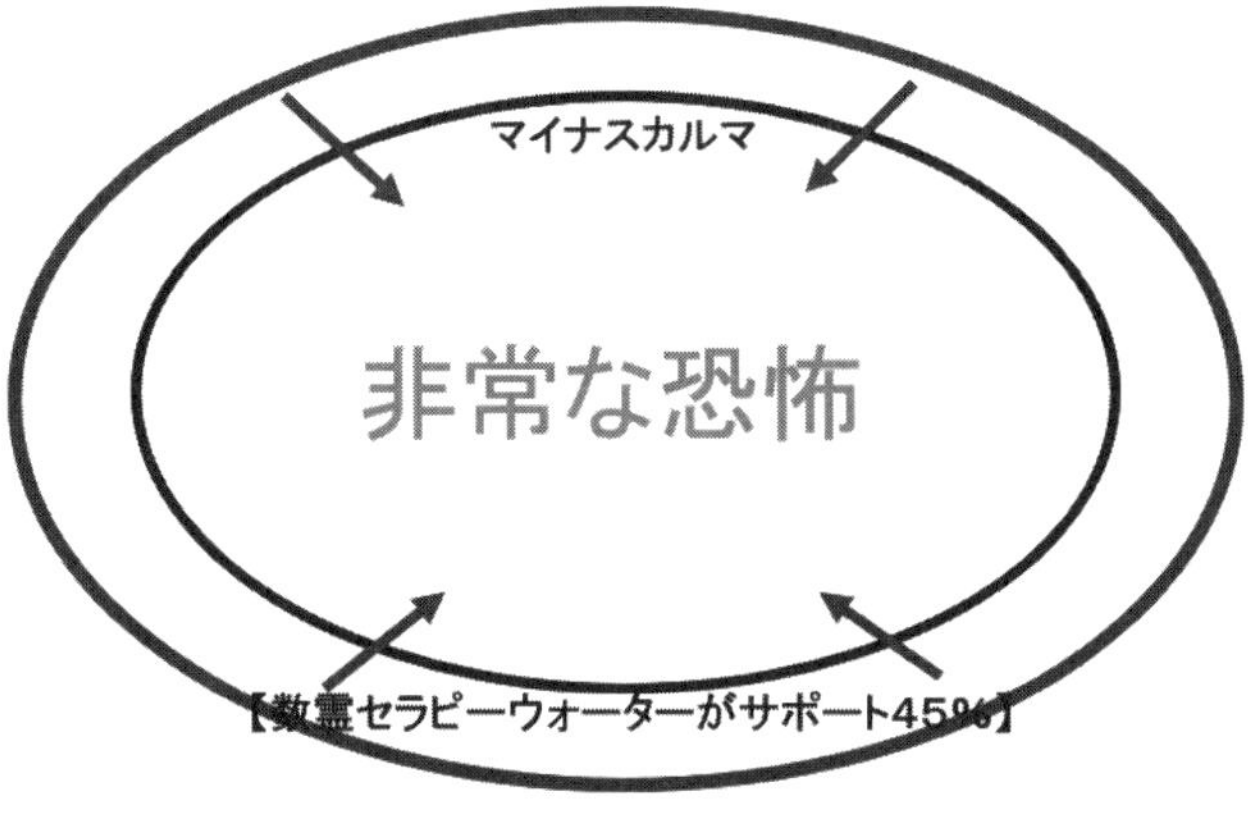

自分の努力＝5%

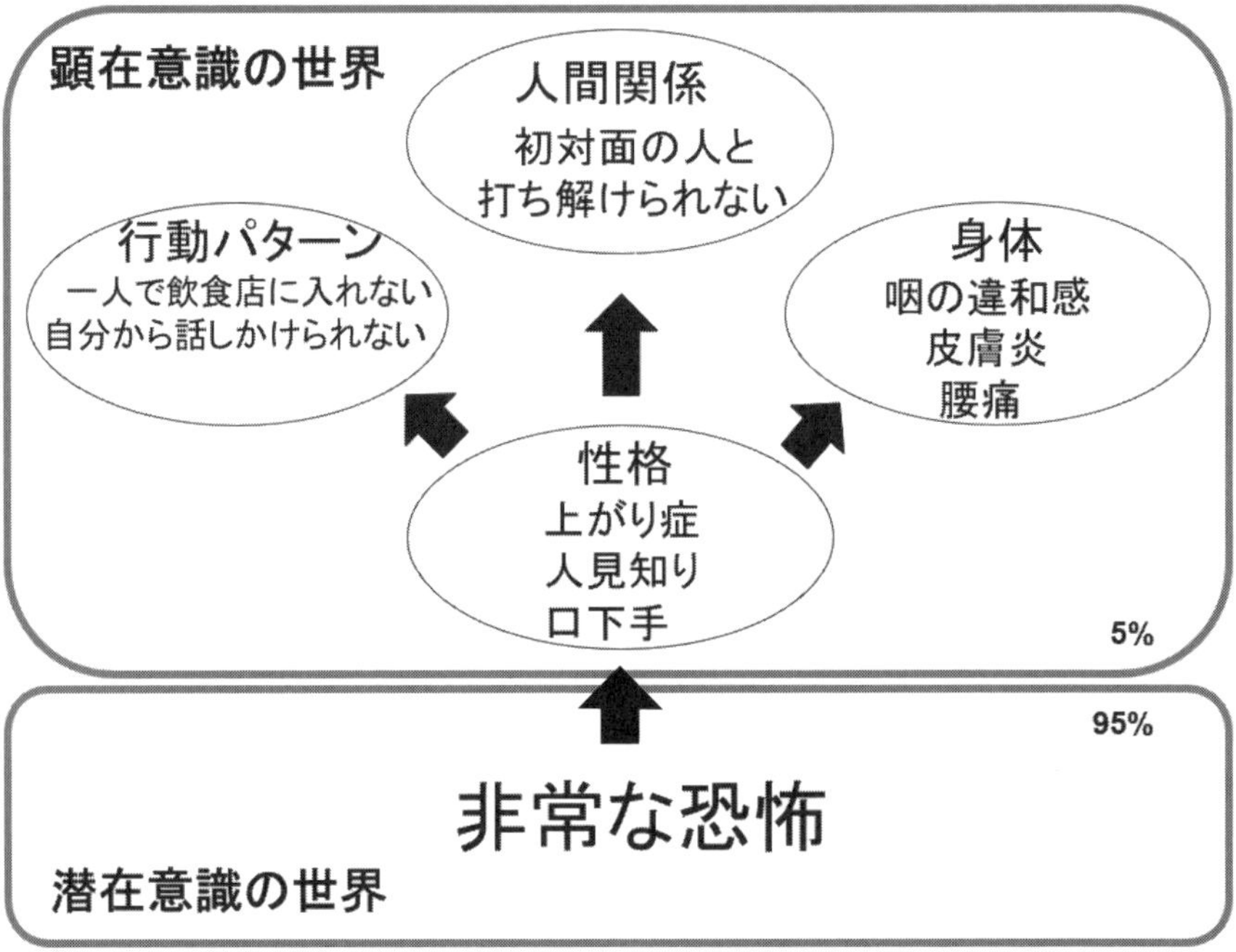
顕在意識の世界
人間関係
初対面の人と
打ち解けられない
行動パターン
一人で飲食店に入れない
自分から話しかけられない
身体
咽の違和感
皮膚炎
腰痛
性格
上がり症
人見知り
口下手
5%
95%
非常な恐怖
潜在意識の世界

水の結晶で意識のエネルギーを証明

波動測定器ＭＲＡで、日本に波動ブームが起きるきっかけを作った江本勝氏ですが、波動の研究を始める以前は、水の研究を行っていたそうです。江本氏は、１９９０年頃にアメリカからマイクロクラスター水という名前の水を輸入販売していました。

その当時の日本では、やっとミネラルウォーターが販売され始めた頃で、まだ水を買って飲むという習慣があまり広まっていない時代でした。そのような時代に、２５０ccのボトルで数千円する水を販売していたのですが、ほとんど売れなかったのです。

マイクロクラスター水は、特殊な技術で水のクラスターを小さくしており、その水にヨーグルトのケフィア菌や南米の薬草であるクララの情報を記憶させて、人の身体に良い影響を与える水として販売されていました。良い水ではありますが、なかなか売れない状況を何とかしたくて、水の良さを測定して評価できる装置はないかといろいろ探していたところ、波動測定器ＭＲＡに出会ったのです。

ＭＲＡを試して実験をしてきましたが、結果的にＭＲＡで水の評価をするのではなく、人の波動を測定して、その人に必要な情報を水に転写して飲んでもらうということを閃いたのです。転写するという手法は、マイクロクラスター水の開発者から教えてもらったそうです。その後も水の評価方法を模索していた江本氏は、ある時、中谷宇吉郎氏の『雪は天からの手紙』という本を手に取り読んでいました。その文中に「雪の結晶にはひとつとして同じものはない」という文章を見つけたのです。雪の結晶……それならば水の結晶はどうなのだろうか？　と閃き、水を凍らせてその結晶を観察することで、水の善し悪しを評価できるのではないだろうかと考えたのです。

さっそく冷凍庫を用意して、凍らせた水を顕微鏡で観察しながら、結晶を撮影する研究を始めましたが、そのような研究を行った人は世界のどこにもいませんでした。まったく情報がない中手探りで研究を続けた末に、３ヶ月後初めての結晶を撮影することができたのです。一度撮影に成功するとコツを掴むことができ、その後次々と実験をして、波動転写した水の結晶や、水道水、自然水、雨水、音楽を聴かせた水、写真を見せた水、言葉を見せた水、祈りを行った水などの結晶撮影をしていきました。

すると、良い言葉や美しい言葉を見せた水には、美しい結晶が現れました。悪い言葉や、汚い言葉を見せた水の結晶は崩れていました。これらの実験を行った流れは、実はＭＲＡ波動測定において、様々な方法で波動水を作ってきた流れに沿っていたのですが、実験を行っていた時に当の本人は気づいていなかったのです。

しかし、ある時に水の結晶写真集を出版しようと考えて、撮りためた写真を撮影順に並べてみたのです。すると、そこには本人も気づいていなかったストーリーがあったのです。水という物質に込められた見えない世界から語りかけられているメッセージを、はっきりと見つけることができたのです。そして出版された水の結晶写真集『水からの伝言』は大ベストセラーになり、江本氏は世界的に有名なスピリチュアルマスターとして〝世界中に影響を与える人TOP100〟に選ばれるようになりました。

『水からの伝言』は、私たちが発する言葉や祈りがエネルギーであり、そのエネルギーが水を通していろいろなものに様々な場面で影響を与えていることを、目に見える形で教えてくれているのです。

第3章

波動コード発見と
縄文の教え

波動コードに使われている縄文の知恵

ＭＲＡで波動転写した水は、どれも美しい結晶が撮影できました。

このことから、波動水には私たちにとって、良い影響を及ぼす情報が記憶されていることがわかります。そのような情報を記憶している水だから、飲むことで身体の不調が良くなったり、精神的に不安定な状態が改善されたりするのでしょう。

ＭＲＡで波動転写する時は、5桁の数でできている波動コードを入力して転写するのですが、その波動コードがどのような法則に基づいて作られているのかは、ＭＲＡ開発者が教えてくれなかったので今も謎のままです。しかし、オペレーター研修を受けていた時に、江本先生が「波動測定をする究極の目的は、波動コードの法則を見つけることだね」とひとこと呟いたのが印象に残っていました。その言葉が頭から離れなかった私は、波動カウンセリングの仕事を始めた当初からその研究に取り組むようになっていました。実際に波動の測定を行う時や、波動水を作る時に使うのは5桁の数でできている「波動コード」なのです。

名前がついている波動コードは全部で１７００種類あるのですが、そのコードがどういう仕組みや法則で作られているのかは誰にもわかりませんでした。それこそが開発者のトップシークレットなのです。

たとえば、

45273	肝臓	45802	腎臓	65707	鉛毒
65243	亜鉛毒	45177	心配、不安	45408	恐怖

このように、５桁の数で波動コードは構成されており、身体の臓器や毒素、そして感情など様々な波動コードがあります。その数字を装置に入力して波動の測定を行い、さらに波動転写も行うようになっているのです。驚異的な結果を出しているＭＲＡでしたが、その波動コードがどのような仕組みで作られているのか、その情報は明かされていませんでした。

そこで私は、波動コードの中に隠されている法則を見つけ出すべく、波動カウンセリングを行いながら調べ始めたのでした。

ありとあらゆる本を読み、様々な講師のセミナーに参加して情報を集めました。さらに夢の中で情報を受け取るという体験を通じながら紆余曲折あり、最終的に波動コードの中には古神道の教えの中にある数霊の教え、そしてその数霊の教えで伝えられている魔方陣、その魔方陣の中に隠されている法則が活用されていることを見つけたのです。その後、古神道に関して詳しく調べてみたところ、古神道は日本の縄文時代から伝えられていたことがわかりました。

縄文時代と聞くと、学校で習った情報では狩猟生活をしており、竪穴式住居に暮らしていた、いわゆる原始人のような時代だったと教わったイメージがあります。しかし今、縄文時代に関して調べてみますと、様々な新しい情報が発見されており、私が学校で習った内容とは大きくかけ離れた時代であったことがわかっているのです。

もっとも驚くべきことは、縄文時代の約一万年間は戦争が行われた痕跡がどこにも見当たらないのです。そして、縄文土器として有名な火焔土器のように、現代の芸術家でさえも作るのが難しいといわれている芸術的な土器が多数出土しているのです。

そのような情報を集めてみると、縄文時代の人たちは自然と調和した生活を行い、物を所有するという概念がなかったようなのです。所有することをしなければ、奪い合う必要もありません。そのような理由で、争いや戦争がなかったと考えられます。現代人には想像もできないような、平和な時代だったのだろうと思います。

ところが、今の時代は世界中で戦争の絶えない時代が続いてきました。そして、植民地支配なども あり略奪や奪い合いの世界が続いているのです。なぜそのような世界になっているのでしょうか？　人の意識を詳しく分析していくと顕在意識と潜在意識に分けることができます。

さらに潜在意識を詳しく分析してみると、個人的無意識（4次元）と普遍的無意識（5次元）と呼ばれる他の人と共有している領域に分けて見ることができるそうです。

個人的無意識はエゴに支配されていますが、普遍的無意識はエゴに支配されていないのです。船井先生風にいえばエヴァの状態でしょうか。残念ながら現代人のほとんどの人は、この5次元である普遍的無意識が眠っている状態のようで、そのためにエゴに支配された個人的無意識の影響を強く受けてしまっているようなのです。そのためにお金や家や車などの物を所有するという意識が作られて、奪い合いや戦争による支配などが生じているようです。

今の地球はそのようなエゴで支配された地球人たちによって、破壊され汚染され争いが生じて大変な状態になっています。地球環境がこのまま破壊されていけば、そこに住んでいる人類も絶滅してしまうことは、少し考えれば簡単にわかることなのですが、それでもその活動は収まる気配を見せません。まるで、人の身体にできたガン細胞のようです。

今の状況を変えていくには、今生きている人たちの普遍的無意識（5次元）が覚醒して、エゴから解放されていく必要があると思うのです。5次元意識が覚醒することを、縄文ゲートが開くというそうですが、その縄文ゲートを開くための方法として、魔方陣の中に隠されていた法則、縄文の智慧が必要になるのです。その法則を活用して波動測定を行える装置が完成すれば、多くの人の5次元意識が覚醒していくと考えています。

魔方陣の中の隠された法則を見つける

私がMRAコードの法則を研究し始めて、数か月経った頃でした。その頃は寝ても覚めても四六時中、MRAコードのことばかりを考えていました。一つのことに集中していると、普段とは違う意識状態になるのでしょうか？

ある日のこと、夜寝ている時にとても衝撃的な夢を見たのです。夢の中で、私は不思議な図に出会いました。夢の中に現れたその図を見ていると、誰かがこう教えてくれました。

「これがMRAコードの法則だよ」

その声を聞きながら図を眺めていると、なぜかその意味が突然、閃きのようにわかりました。頭で理解したというよりも、肚《はら》でわかったという感じです。まさに腑に落ちたという感覚でした。目が覚めた私は、あまりにも印象的だったその夢の図を忘れないうちにすばやくメモしました。そして、しっかり目が覚めてから、メモした図をもう一度じっくりと見直してみたのです。

夢の中ではその図が示す意味を十分わかっていたはずなのに、起きてから見直してみると、意味がまったくわからなくなっていました。でも、確かにこの図がＭＲＡコードの法則を表しているはずなのです。

その日を境に、私はこの図の意味を解読していく日々が始まりました。その夢を見てから数年後、ある時に古神道についての連載記事を読む機会に巡り合いました。そして、古神道の「数霊」について書いている文章を読み進めていると、そこに紹介されていた魔方陣を見つけたのです。なんと、その魔方陣は、私が夢の中で見た図とまったく同じ数字の配置でした。

魔方陣とは、数で宇宙を表したものであると、古神道において伝えられています。

その魔方陣は、四角の枠が縦に３個、横に３個、合計９個並んでおり、その枠の中に１から９までの数字が一つずつ収められています。その数字の配列に重要な法則があり、すべての列の数字の合計が同じになるように並べられているのです。

図11　夢で見た図

縦においては、

【4＋3＋8＝15】【9＋5＋1＝15】【2＋7＋6＝15】

横においては

【4＋9＋2＝15】【3＋5＋7＝15】【8＋1＋6＝15】

斜めにおいては、

【4＋5＋6＝15】【2＋5＋8＝15】

このように、すべての列の合計が同じになるように、数が並んでいるものが魔方陣であるといわれています。そして、この魔方陣が意味するところは、数で宇宙を表したものであるのです。古神道において伝えられている魔方陣は、枠の中に数が入っているだけのものですが、私が夢の中でみた図には、それぞれの数に陰、陽、中庸の文字が一緒に入っていました。

実は、この文字が入っていることには大きな意味があるのですが、最初はその意味が理解できませんでした。それは、後に大きなヒントとなって、私にとって素晴らしい情報をもたらしてくれることになるのでした。

9×9ミロクの魔方陣とは？

数は10進法で桁を増やしていけば、いくらでも大きくすることができます。それと同様にこの魔方陣も、いくらでも大きくすることができるのです。

最初の魔方陣は、3×3で1～9の数字を使ったものでしたが、これをもう一つ大きくすると、9×9で1～81の数字を使ったものを作ることができます。この図も魔方陣と呼ばれていますので、すべての列の数字の合計が同じになるように、数が一つずつ配置されているのです。

横の列が9列、縦の列が9列、そして斜めが2列ありますが、すべての列の数字の合計は、369になるのです。

369＝ミロクと読むことができますので、この魔方陣は「ミロクの魔方陣」と呼ばれています。ちなみに、古神道において369の数字は天照大神を表す数字だそうです。そして、魔方陣の真ん中にある41の数字は、天之御中主神（アメノミナカヌシノミコト）を表す数字になるそうです。別の名を妙見菩薩ともいうそうで、占星術では北極星と北斗七星を合わせた星座

るそうです。別の名を妙見菩薩ともいうそうで、占星術では北極星と北斗七星を合わせた星座が小熊座になりますが、その方向から来た神様といわれています。この神様が、今の世の中を作ったと古神道では伝えられているのです。だから、今の地球は北極星の方向に地軸が向いているのかもしれません。

また、北斗七星の7という数字は、今の地球で生活している私たちには、とても重要な数になります。1週間は7日、ドレミファソラシの音階は7音、チャクラの数は7個、虹の色が7色、ラッキー7などいたるところに7の数字にまつわるものを見つけることができます。

このミロクの魔方陣は、整然と数が並んでおり、とても美しい姿をしています。どの方向からどの列の数を足しても、すべての合計数が369になるように配置されているのです。このような美しい魔方陣は、いったいどうやって作るのでしょうか？　とても難しい計算式を使って作るのでしょうか？　数字の苦手な人にとっては、とてもじゃないですが、自分で作ることはできないと思えるでしょう。ところが、このミクロの魔方陣は、ある法則に従って数を入れていくだけで、たやすく作図できるのです。

実際、当サロンにて行う「数霊セミナー」では、この魔方陣を参加者のみなさんに、その場で作っていただくのです。そして、参加者全員が、その場で作ることができるのです。数字が苦手だといっていた人も、なんとご本人の思いに反して、簡単に作れてしまいます。

【魔方陣 9×9】 （1〜81）

31	76	13	36	81	18	29	74	11
22	40	58	27	45	63	20	38	56
67	4	49	72	9	54	65	2	47
30	75	12	32	77	14	34	79	16
21	39	57	23	41	59	25	43	61
66	3	48	68	5	50	70	7	52
35	80	17	28	73	10	33	78	15
26	44	62	19	37	55	24	42	60
71	8	53	64	1	46	69	6	51

4	9	2
3	5	7
8	1	6

=369

41＝天之御中主神（アメノミナカヌシノミコト）妙見菩薩
369＝天照大神（アマテラスオオミカミ）

図12　9×9のミロク魔方陣

【魔方陣 9×9】　（1～81）

31	76	13	36	81	18	29	74	11
22	40	58	27	45	63	20	38	56
67	4	49	72	9	54	65	2	47
30	75	12	32	77	14	34	79	16
21	39	57	23	41	59	25	43	61
66	3	48	68	5	50	70	7	52
35	80	17	28	73	10	33	78	15
26	44	62	19	37	55	24	42	60
71	8	53	64	1	46	69	6	51

（横９列）

31	76	13	36	81	18	29	74	11
22	40	58	27	45	63	20	38	56
67	4	49	72	9	54	65	2	47
30	75	12	32	77	14	34	79	16
21	39	57	23	41	59	25	43	61
66	3	48	68	5	50	70	7	52
35	80	17	28	73	10	33	78	15
26	44	62	19	37	55	24	42	60
71	8	53	64	1	46	69	6	51

（縦９列）

31	76	13	36	81	18	29	74	11
22	40	58	27	45	63	20	38	56
67	4	49	72	9	54	65	2	47
30	75	12	32	77	14	34	79	16
21	39	57	23	41	59	25	43	61
66	3	48	68	5	50	70	7	52
35	80	17	28	73	10	33	78	15
26	44	62	19	37	55	24	42	60
71	8	53	64	1	46	69	6	51

31	76	13	36	81	18	29	74	11
22	40	58	27	45	63	20	38	56
67	4	49	72	9	54	65	2	47
30	75	12	32	77	14	34	79	16
21	39	57	23	41	59	25	43	61
66	3	48	68	5	50	70	7	52
35	80	17	28	73	10	33	78	15
26	44	62	19	37	55	24	42	60
71	8	53	64	1	46	69	6	51

（ナナメ２列）

すべての列の合計数は 369 になる

ミロクの魔方陣を作ってみよう

実は、この魔方陣を作るのに難しい計算式や方程式は一切必要ないのです。この魔方陣は、たった一つの単純な法則からできています。1～81までの数を書ける人であれば、あとはその法則を覚えるだけで、誰でも簡単に作れてしまうのです。

本当かな？　と疑っている人がいるかもしれませんので、その法則をみなさんにお伝えしたいと思います。ぜひこの場でミロクの魔方陣を作ってみてください。

まず、９×９全体の枠を太線で分けているように９分割します。９分割された大きな枠を数霊界と呼びます。この数霊界は、３×３の魔方陣の枠に収められている数に対応しています。つまり、右上の数霊界は２数霊界と呼びます。

その下は、７数霊界です。そして、その下が６数霊界です。次に、それぞれの数霊界をさらに９分割します。すべての数霊界を９分割できたら、全部で81個の小さな枠ができましたので、その枠の中に1から順番に数を埋めていきます。最初の1を入れる枠は、1数霊界の1の場所になります。そして、2は2数霊界の1の場所、3は3数霊界の1の場所……という具合に、順番に入れていきます。

そして、9を9数霊界の1の場所まで入れます。さて、次はもう一度、1数霊界に戻って、10を1数霊界の2の場所に入れます。11は2数霊界の2の場所になります。12は3数霊界の2の場所です。このような順番で、最後の81まで数を入れていけば、ミロクの魔方陣が完成します。途中で間違うと、最初からやり直しになりますので、集中力を切らさずに最後まで数字を記入していってください。

いかがですか。自分でミロクの魔方陣を作った時の喜びは、不思議な感覚を覚えると思います。最初はとても複雑に見えたミロクの魔方陣が、実はこんなにも単純な法則でできており、それを自分で実際に作ってみることができたのです。この感覚を味わうことは、この先の話を理解していく上で、とても大切な経験になりますので、ぜひみなさんチャレンジしてみてください。

【魔方陣 3×3】

4	9	2
3	5	7
8	1	6

数霊界 1 の 場所 1 に 1

【魔方陣 9×9】

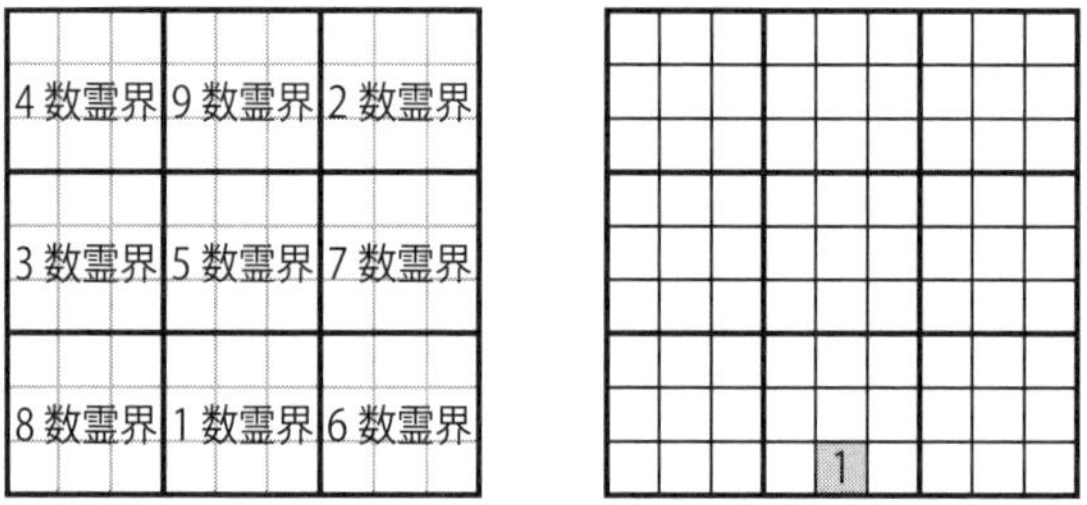

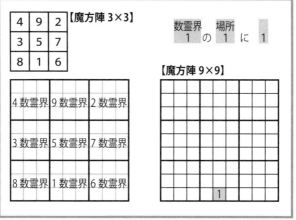

【魔方陣 3×3】

4	9	2
3	5	7
8	1	6

数霊界　場所
2 の 1 に 2

【魔方陣 9×9】

							2	
				1				

↙

数霊界　場所
3 の 1 に 3

【魔方陣 9×9】

							2	
	3							
				1				

↘

数霊界　場所
4 の 1 に 4

【魔方陣 9×9】

	4						2	
	3							
				1				

数霊界　場所
1 の 1 に 1
2 の 1 に 2
3 の 1 に 3
4 の 1 に 4

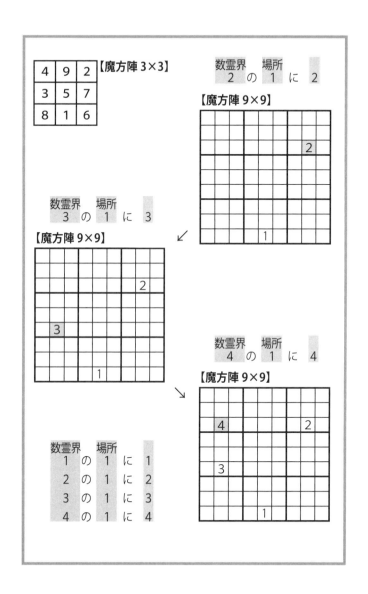

【魔方陣 3×3】

4	9	2
3	5	7
8	1	6

数霊界　場所
5 の 1 に 5

【魔方陣 9×9】

	4						2	
	3			5				
				1				

↙

数霊界　場所
6 の 1 に 6

【魔方陣 9×9】

	4						2	
	3			5				
				1			6	

↘

数霊界　場所
7 の 1 に 7

【魔方陣 9×9】

	4						2	
	3			5			7	
				1			6	

数霊界　場所
1 の 1 に 1
2 の 1 に 2
3 の 1 に 3
4 の 1 に 4
5 の 1 に 5
6 の 1 に 6
7 の 1 に 7

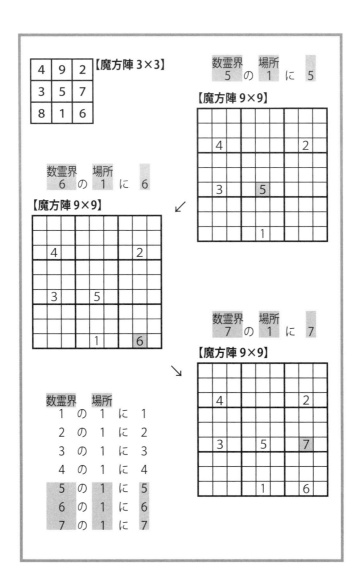

【魔方陣 3×3】

4	9	2
3	5	7
8	1	6

数霊界　場所
8 の 1 に 8

【魔方陣 9×9】

	4						2	
	3			5			7	
	8			1			6	

↙

数霊界　場所
9 の 1 に 9

【魔方陣 9×9】

	4			9			2	
	3			5			7	
	8			1			6	

↘

数霊界　場所
1 の **2** に 10

【魔方陣 9×9】

	4			9			2	
	3			5			7	
					10			
	8			1			6	

数霊界		場所		
1	の	1	に	1
2	の	1	に	2
3	の	1	に	3
4	の	1	に	4
5	の	1	に	5
6	の	1	に	6
7	の	1	に	7
8	の	1	に	8
9	の	1	に	9
1	の	**2**	に	**10**

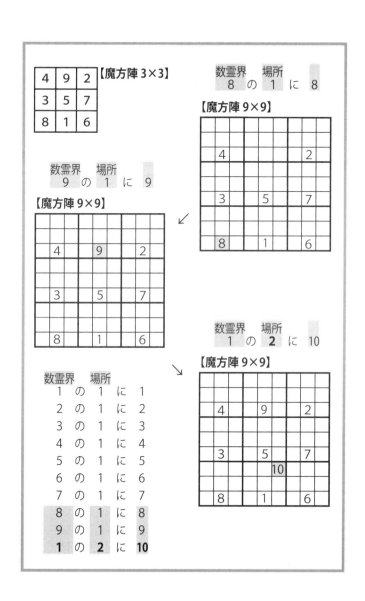

4	9	2
3	5	7
8	1	6

【魔方陣 3×3】

数霊界　場所
2 の 2 に 11

【魔方陣 9×9】

								11
	4			9			2	
	3			5			7	
					10			
	8			1			6	

↙

数霊界　場所
3 の 2 に 12

【魔方陣 9×9】

								11
	4			9			2	
		12						
	3			5			7	
					10			
	8			1			6	

↘

数霊界　場所
4 の 2 に 13

【魔方陣 9×9】

		13						11
	4			9			2	
		12						
	3			5			7	
					10			
	8			1			6	

数霊界　場所
1 の 1 に 1
2 の 1 に 2
3 の 1 に 3
4 の 1 に 4
5 の 1 に 5
6 の 1 に 6
7 の 1 に 7
8 の 1 に 8
9 の 1 に 9
1 の **2** に **10**

↗

数霊界　場所
2 の **2** に **11**
3 の **2** に **12**
4 の **2** に **13**

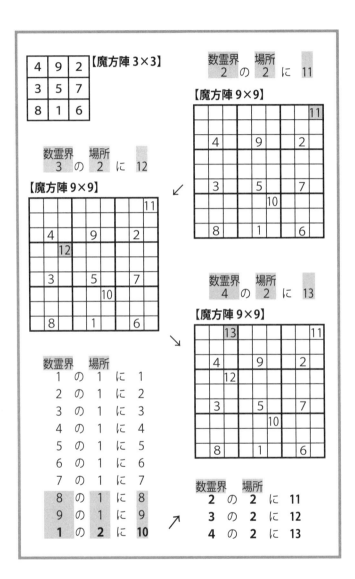

ミロクの魔方陣に封印されていた法則

ミロクの魔方陣において、合計数が同じになる数字の列は、全部で20列ありました。重要な数字ですので、この数を記憶にとどめておいてください。この本を読み進んでいくと、後からこの数字が出てきます。

さて、それではこれから重要な情報をお伝えします。おそらく、この本の内容においてもっとも重要な情報であり、この情報がなければ数霊理論なるものは存在しないともいえるものです。さきほど、みなさんに作っていただいたミロクの魔方陣ですが、その中にはすべての列の合計数が同じになるという法則を解説しました。

しかし、この魔方陣には、さらに秘密があったのです。実はこの魔方陣の中には、もう一つ別の法則が隠されていたのです。この法則は、数霊について書いている本をいくら読んでも、どの本にも載っていない情報です。インターネットで探しても見つけることはできません。おそらく、歴史の中で忘れられてしまったのか、それとも意図的に封印されてしまったのかもしれませんが、その真相は今の私にはわかりません。

しかし、ある時、ミロクの魔方陣が突然、その秘密の法則を語りだしたのです。いや、正確には、そのような感覚の中で、私はその秘密の法則を理解したのです。その伏線は水の結晶写真にありました、波動転写した水の結晶はきれいな六角形になっています。美しいシンメトリーの結晶を毎日眺めている中で、ミロクの魔方陣にも水の結晶と同じような法則が入っているのではないかと思うようになっていました。

そのイメージをぼんやりと思い浮かべながらミロクの魔方陣を眺めていた時に、ある閃きがあったのです。この体験の驚きと喜びは、さらに後の研究に没頭させる大きな原動力となったことは言うまでもありません。そして、この情報を本に書いて世に送り出すということは、もしかしたら歴史に残る偉業となるのかもしれないと自負しています。

ミロクの魔方陣に入っていたシンメトリーの法則

私は新しく発見した法則を、「シンメトリーの法則」と名付けました。どのような法則なのか、これから説明したいと思います。102ページの図をご参照ください。

■になっている数字が9個あります。周りの8個の数字と真ん中の1個の数字です。これらの数字は、一つの法則によって選ばれています。その法則とは、縦、横、斜め、いずれの方向から見ても、対称の位置関係にある8個の数字と、中央の1個の数字の合計9個の組み合わせになっているのです。魔方陣の真ん中に線を引いて、左右に分けた時に■の数字は対称の位置にあります。

今度は上下に分けてみましょう、やはり上下においても対称の位置にあります。左上の角から右下の角に直線を引いて半分に分けた時は、右上と左下で対称の位置になります。そして、右上から左下に直線を引くと、左上と右下が対称の位置になります。

このように、すべての方向から見て対称の位置にある8個の数字と中央の数字を合計すると、やはりそれらの合計はすべて369になるのです。この法則で拾い出せるシンメトリーの組み合わせは他にもあります。

【魔方陣 9×9】　(1〜81)

31	76	13	36	81	18	29	74	11
22	40	58	27	45	63	20	38	56
67	4	49	72	9	54	65	2	47
30	75	12	32	77	14	34	79	16
21	39	57	23	41	59	25	43	61
66	3	48	68	5	50	70	7	52
35	80	17	28	73	10	33	78	15
26	44	62	19	37	55	24	42	60
71	8	53	64	1	46	69	6	51

=369

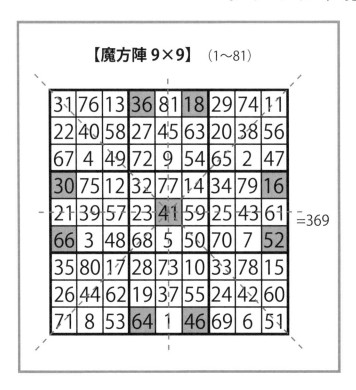

【9×9魔方陣シンメトリーの組み合わせ】

31	76	13	36	81	18	29	74	11
22	40	58	**27**	45	**63**	20	38	56
67	4	49	72	9	54	65	2	47
30	**75**	12	32	77	14	34	**79**	16
21	39	57	23	**41**	59	25	43	61
66	**3**	48	68	5	50	70	**7**	52
35	80	17	28	73	10	33	78	15
26	44	62	**19**	37	**55**	24	42	60
71	8	53	64	1	46	69	6	51

31	76	13	36	81	18	29	74	11
22	40	58	27	45	63	20	38	56
67	4	49	**72**	9	**54**	65	2	47
30	75	**12**	32	77	14	**34**	79	16
21	39	57	23	**41**	59	25	43	61
66	3	**48**	68	5	50	**70**	7	52
35	80	17	**28**	73	**10**	33	78	15
26	44	62	19	37	55	24	42	60
71	8	53	64	1	46	69	6	51

31	**76**	13	36	81	18	29	**74**	11
22	40	58	27	45	63	20	38	**56**
67	4	49	72	9	54	65	2	47
30	75	12	32	77	14	34	79	16
21	39	57	23	**41**	59	25	43	61
66	3	48	68	5	50	70	7	52
35	80	17	28	73	10	33	78	15
26	44	62	19	37	55	24	42	**60**
71	**8**	53	64	1	46	69	**6**	51

【9×9魔方陣シンメトリーの組み合わせ】

31	76	13	36	81	18	29	74	11
22	40	58	27	45	63	20	38	56
67	4	49	72	9	54	65	2	47
30	75	12	32	77	14	34	79	16
21	39	57	23	41	59	25	43	61
66	3	48	68	5	50	70	7	52
35	80	17	28	73	10	33	78	15
26	44	62	19	37	55	24	42	60
71	8	53	64	1	46	69	6	51

31	76	13	36	81	18	29	74	11
22	40	58	27	45	63	20	38	56
67	4	49	72	9	54	65	2	47
30	75	12	32	77	14	34	79	16
21	39	57	23	41	59	25	43	61
66	3	48	68	5	50	70	7	52
35	80	17	28	73	10	33	78	15
26	44	62	19	37	55	24	42	60
71	8	53	64	1	46	69	6	51

31	76	13	36	81	18	29	74	11
22	40	58	27	45	63	20	38	56
67	4	49	72	9	54	65	2	47
30	75	12	32	77	14	34	79	16
21	39	57	23	41	59	25	43	61
66	3	48	68	5	50	70	7	52
35	80	17	28	73	10	33	78	15
26	44	62	19	37	55	24	42	60
71	8	53	64	1	46	69	6	51

【9×9 魔方陣シンメトリーの組み合わせ】

31	76	13	36	81	18	29	74	11
22	**40**	58	27	**45**	63	20	**38**	56
67	4	49	72	9	54	65	2	47
30	75	12	32	77	14	34	79	16
21	**39**	57	23	**41**	59	25	**43**	61
66	3	48	68	5	50	70	7	52
35	80	17	28	73	10	33	78	15
26	**44**	62	19	**37**	55	24	**42**	60
71	8	53	64	1	46	69	6	51

31	76	13	36	81	18	29	74	11
22	40	58	27	45	63	20	38	56
67	4	**49**	72	**9**	54	**65**	2	47
30	75	12	32	77	14	34	79	16
21	39	**57**	23	**41**	59	**25**	43	61
66	3	48	68	5	50	70	7	52
35	80	**17**	28	**73**	10	**33**	78	15
26	44	62	19	37	55	24	42	60
71	8	53	64	1	46	69	6	51

31	76	13	36	81	18	29	74	11
22	40	58	27	45	63	20	38	56
67	4	49	72	9	54	65	2	47
30	75	12	**32**	**77**	**14**	34	79	16
21	39	57	**23**	**41**	**59**	25	43	61
66	3	48	**68**	**5**	**50**	70	7	52
35	80	17	28	73	10	33	78	15
26	44	62	19	37	55	24	42	60
71	8	53	64	1	46	69	6	51

このように10通りの組み合わせがあります。そして、計算するとわかりますが、すべて合計が３６９になります。前にも述べましたように、私はミロクの魔方陣が語り出すのを、ある予感を持って待っていました。それは、図形上のシンメトリーの組み合わせで、何らかの法則があるのではないかという予感でした。

ある日、いつものように魔方陣を眺めていると、水の結晶をイメージしながら、ごく自然に具体的な組み合わせを選んでいました。そして、そばにあった電卓を引き寄せ、注意深く計算してみたのです。するとどうでしょうか、シンメトリーのすべての組み合わせにおいて、合計数が３６９になるではありませんか。

本を読んで得た知識ではなく、誰かに教えてもらった情報でもなく、誰も知らない新たな法則を自分の力で発見できたことの喜びが、これほど大きいとは思ってもいませんでした。その時の驚きは、今でもはっきりと覚えています。

3次元の相対性と4次元の相対性

このように直感や閃きで情報を受け取りながら、魔方陣の秘密を発見することができました。魔方陣の中には、すべての列の合計数が同じになるという法則と、シンメトリーの法則が入っていることがわかったのです。そして、魔方陣とは「数で宇宙を表したもの」だから、魔方陣の中に入っている法則は、宇宙の中にある法則ということになります。

それでは、この二つの法則はいったい、宇宙のどのような法則を表しているのでしょうか？実は、この二つの法則は、3次元と4次元の相対性を表していたのです。相対性という言葉を聞くと、真っ先に思い出すのが、アインシュタイン博士の相対性理論です。相対性という言葉は、陰と陽で成り立っている相対的世界の法則を意味しているのです。つまり、私たちの身体が存在している3次元においては、この世界が陰と陽による相対的な情報の広がりによって成り立っていることを意味しており、4次元における私たちの意識が存在している世界も、同じように陰と陽の相対的な世界になっているのです。

3次元は、私たちの肉体が存在している世界のことです。この世界に肉体を持って生まれてくる時に、私たちは必ず男性か女性になります。つまり性別が生じるわけです。その相対的な性別の情報が含まれている3次元の法則、魔方陣の中では、一列の数を合計するとすべての列が同じ合計数になるという法則を、魔方陣の中で探した時に、20通りの組み合わせがありました。

それに対し4次元は、私たちの意識が存在している世界です。その意識の世界では、私たちは誰もが男性性と女性性を合わせ持ったエネルギー状態で存在しています。つまり男女の性別はなくなるのです。その4次元の相対性を表しているシンメトリーの法則においては、組み合わせが10通りになるのです。男性女性の性別という情報がなくなるので、半分の10通りになるということです。4次元の意識の世界は、神様の世界でもあります。ですから観音菩薩様や弥勒菩薩様と呼ばれている神様たちも、男性性と女性性を統合した状態で存在しているのです。

菩薩様の場合、女性的なイメージを抱かれる人が多いと思いますが、実は男性性と女性性のエネルギーを統合した存在なのです。魔方陣は数で宇宙を表したものであり、人と宇宙は相似象ですから、魔方陣は数で人を表したものということもできます。人も身体と意識から成り立っているように、3次元と4次元の法則によって存在しているといえます。

ですから、この魔方陣の中に隠されている法則を、波動カウンセリングに活用することができるのではないかと思うのです。このような法則を、魔方陣の中に見つけることができたことは、とても嬉しいことでした。しかしながら、この見つけた法則を波動カウンセリングの現場で活用しなければ、理論はただの理論に終わってしまいます。そこで、この理論をどのように波動の測定や転写に活用できるのか……この理論を発見した後で、私は新たな課題を与えられました。ついにその研究をする段階に入ってきました。

そのような考えを巡らしていると、すぐに閃きがありました。見えない世界から情報を受け取ることが簡単にできるようになってきたのです。その閃きとは波

MRA コード魔方陣（9×9）

45444	45999	45222	95444	95999	95222	25444	25999	25222
45333	45555	45777	95333	95555	95777	25333	25555	25777
45888	45111	45666	95888	95111	95666	25888	25111	25666
35444	35999	35222	55444	55999	55222	75444	73999	75222
35333	35555	35777	55333	55555	55777	75333	75555	75777
35888	35111	35666	55888	55111	55666	75888	75111	75666
85444	85999	85222	15444	15999	15222	65444	65999	65222
85333	85555	85777	15333	15555	15777	65333	65555	65777
85888	85111	85666	15888	15111	15666	65888	65111	65666

動コードで魔方陣を作れば良いのではないかということです。

波動コードで魔方陣を作り、その魔方陣からシンメトリーの位置にある波動コードをピックアップして転写すると、シンメトリーの組み合わせは4次元の相対性を表しているので、意識のバランスを整える効果が高くて潜在意識に強く働きかける効果があると考えられます。その考えに基づいて最初に作ったのが波動コードの魔方陣9×9です。

でも波動コードは、10万コードありますので、この魔方陣ではコード数が少なすぎます。そこで10万コードすべてを使って魔方陣を作るために、徹夜しながら毎日魔方陣を作成していきました。苦労の末に完成した魔方陣ですが、波動カウンセリングの現場で使うには、あまりにも大きすぎてその魔方陣の中から必要なコードをピックアップして転写するには時間がかかりすぎることがわかりました。そこでプログラマーに協力を仰ぎ、パソコンで使えるソフトを開発してもらったのです。

パソコンで瞬時にピックアップできるようになったことで、いろんな確認作業も楽に行えるようになり、当初必要がないと考えていた3次元の相対性の組み合わせも重要であることがわかったのです。今は3次元、4次元両方の組み合わせで波動転写するようになっています。

数霊システムの波動転写を行う基盤には、ゼロ磁場コイルが使われているのですが、そのコイルを三つ繋ぎ合わせて転写時に回転移動しながら転写する仕組みになっています。コイルの回転方向によって働きかけるエネルギー層が違っており、右回転の場合はエーテルエネルギーへ、左回転の場合はアストラルエネルギーへ働きかけるように設計されているのです。

そして、その時に使用する波動コード魔方陣の組み合わせは、エーテル転写の時は３次元相対性、アストラル転写の時は４次元相対性を使うようになっています。この組み合わせによって、人の意識の表層から深層まで網羅して波動修正できるようになっています。そして、この組み合わせがもっとも波動修正効果の高い組み合わせであることが確認できています。

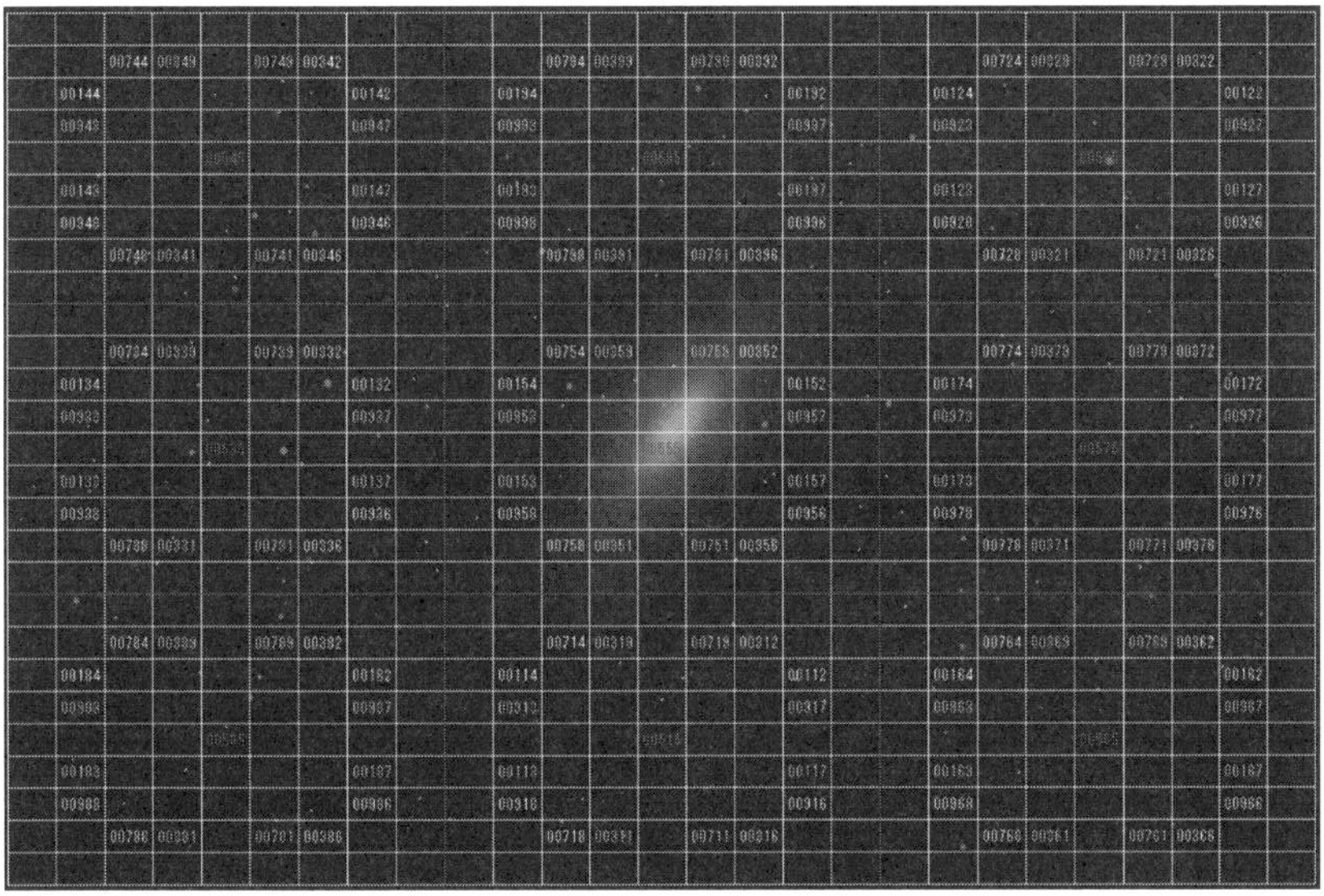

プログラムソフトに表示された波動コード魔方陣

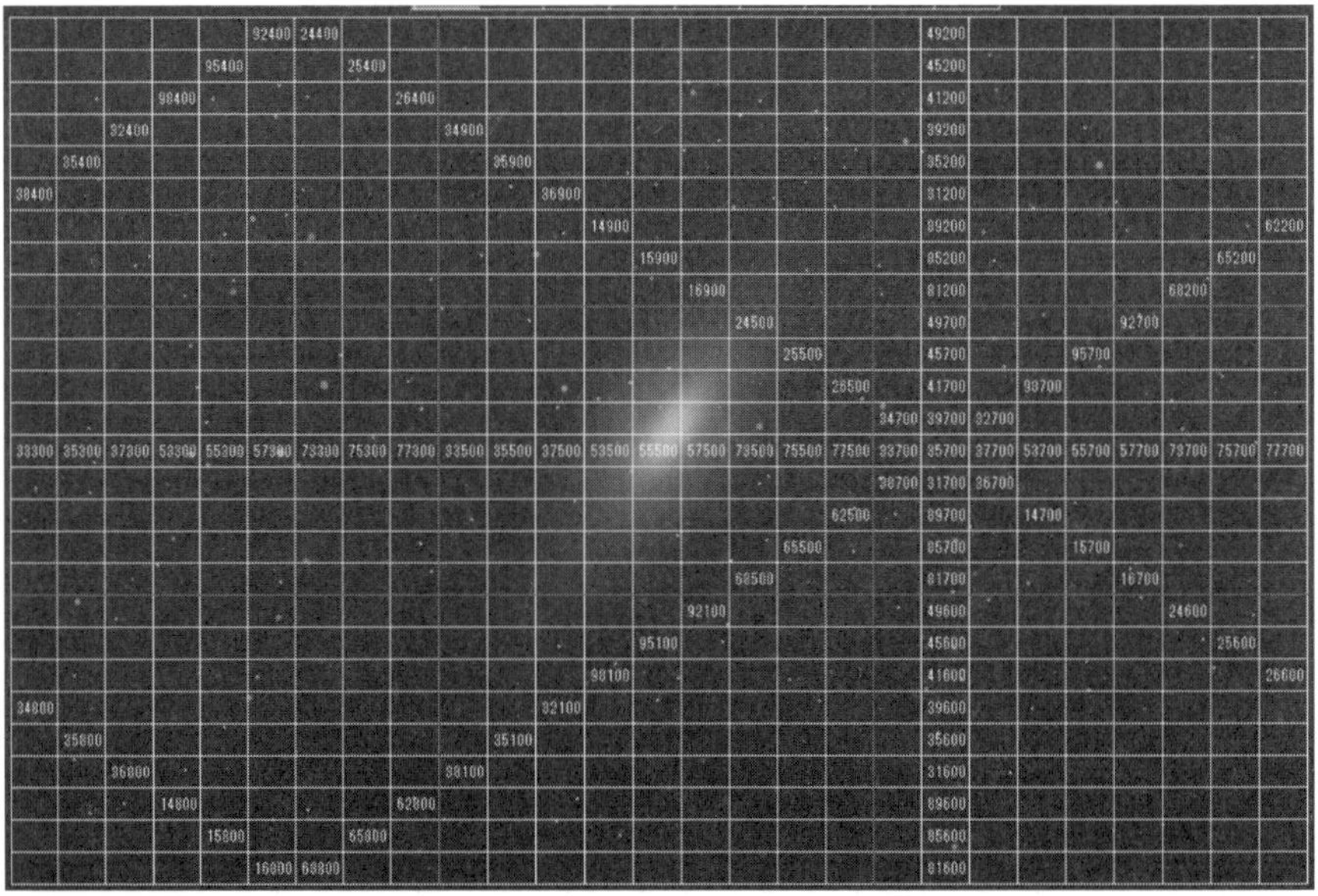

プログラムソフトに表示された波動コード魔方陣

3次元は3方向における相対的なバランスで成り立っており、4次元は4方向の相対的なバランスで成り立っている世界なのです。その両方の次元に働きかける仕組みで作った波動水を飲むことで、3次元の相対性と4次元の相対性において、エネルギーバランスが整ってきます。すると、3次元・4次元両方の相対性を表している直線は、立方体の中心で交差する状態になってきます。つまりエネルギーレベルにおいて中心がはっきりした状態になるのです。それをセンタリングと呼びます。そのセンターは5次元意識への入口になります。つまり縄文ゲートが開いた状態です。

センタリングしていない人は、魂が求めるものに出会っても、頭が邪魔をして時間がな

すべての直線が真ん中で交差する

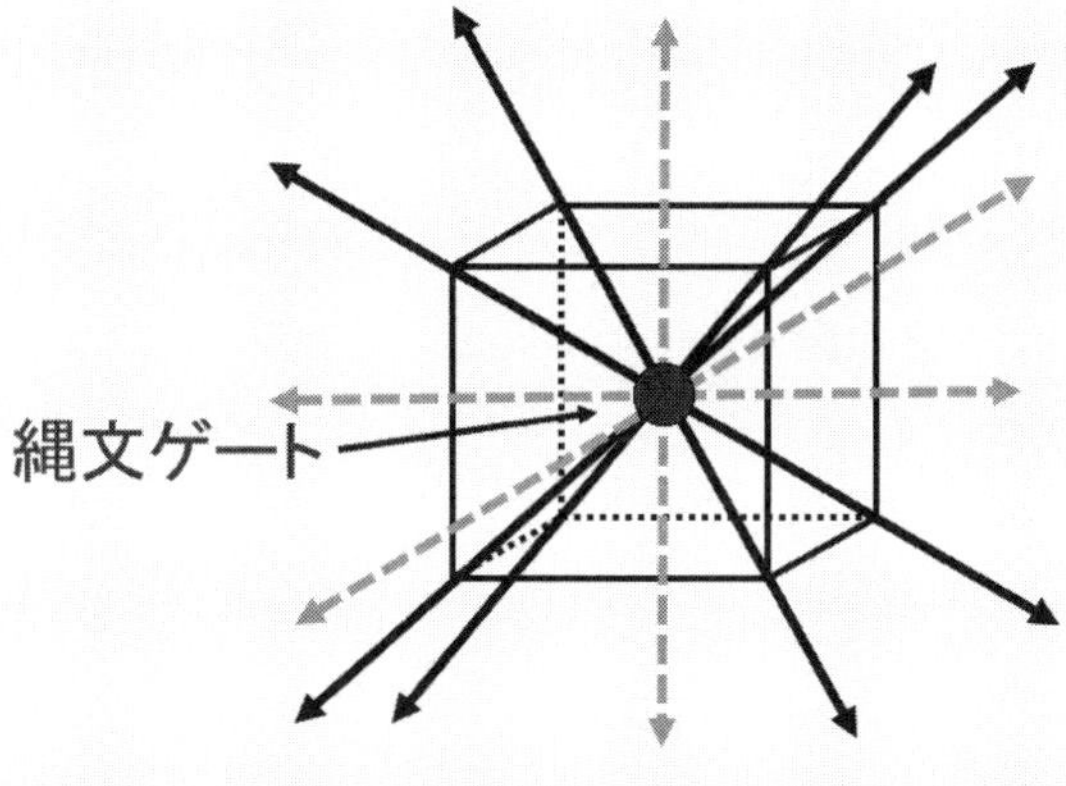

センタリングした状態

いとか、お金がないなどできない理由を探してしまいます。その結果行動を起こせなくなるのです。

センタリング状態になると、まず、頭と心と魂が真っ直ぐ繋がった状態になりますので、魂が求めているものに出会うと心がワクワクしてきます。そして、それをすぐに実行することができるようになります。そして、揺るぎない自信が湧いてきます。

誰が反対しても動揺することなく、自分がやりたいことを素直に実行することができるようになります。さらに、人の心の情報が感じられるようになりますので、人から騙されることがなくなります。最終的に、人と争うことなく平和な生き方ができるようになるのです。

縄文時代が1万年間戦争のない平和な時代であったのは、縄文人がセンタリングした人たちであったからだと思います。そのような意識の状態になるには、縄文ゲートを開く必要があるのです。そのためのサポートをしてくれるのが、「数霊システム」などの装置なのです。

研究の中で偶然生まれた「ホロンクリスタル」

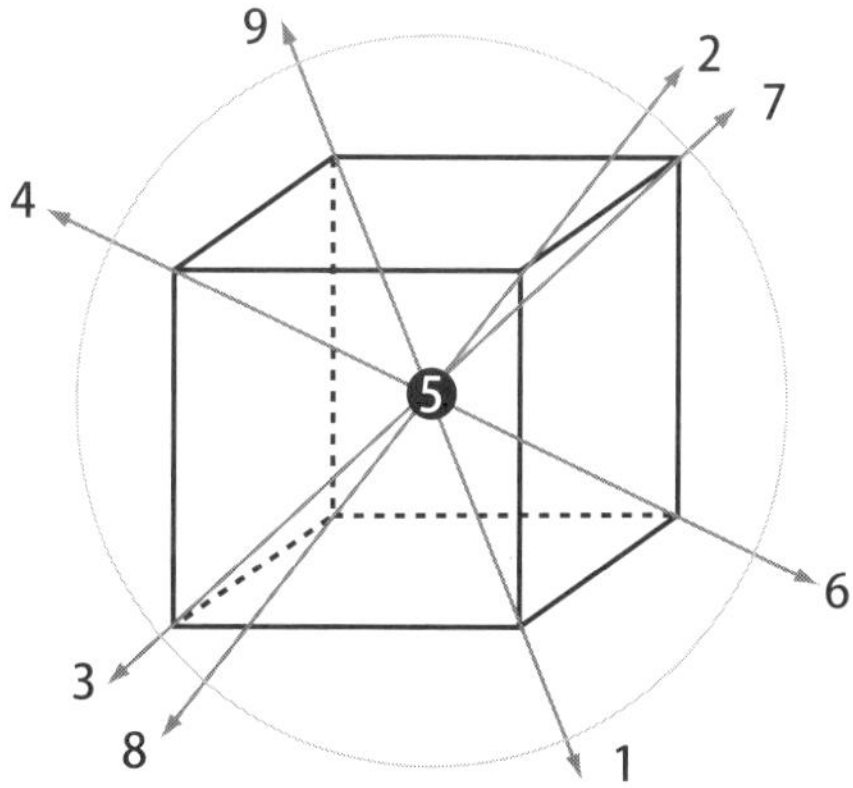

4	9	2
3	5	7
8	1	6

研究の中で偶然生まれた「ホロンクリスタル」

魔方陣の秘密や幾何学図形の関係など、これらの情報が徐々に解明され、理解が深まった頃、私はこれらの情報をみなさんと共有するために、セミナーで幾何学図形の模型を作って説明しました。竹ヒゴと接着剤を用意して、細かく切った竹ヒゴを一本一本つなぎながら模型を完成させます。幾何学図形の説明をするのに、どうしてもこの模型が必要だったのです。そして、実際にその模型をみなさんに見てもらい、きれいな六角形の図形に見えることを体験してもらいました。

数と図形に関連があることに気づいていた私は、波動コードに関連するプラトン立体を、クリスタルの中にレーザーで彫る作品を作っているところでした。現在の「ホロンクリスタル」の基になる原型のサンプルです。

とても綺麗にできましたので、それをセミナーで使って参加者の人たちに見てもらったのです。すると、それを見たほとんどの方がとても美しいから分けて欲しいと言うので、商品化をして売り出すことにしたのですが、念のために知り合いでエネルギーがわかる方にそれを鑑定してもらいました。

その方は、見た瞬間に目を細めて、眩しそうに「すごく良いエネルギーが出ている」とおっしゃるのです。ただし、じっと見ていて、このままでは一般の方々にわかりづらいので「真ん中の幾何学図形の下に木の枝と葉っぱをいれて、他に細かい点や線を入れてみてください」というアドバイスをいただき、すぐにデザインを追加してみました。サンプルができ上がったのでもう一度見ていただき、さらに良いエネルギーになっていることを確認してもらい今のデザインになりました。ですからこの「ホロンクリスタル」に関しては、私が手に入れた情報だけで作ったのではなくて、アドバイスをいただいた方の情報も入っています。購入してくださったみなさんには満足していただいておりますので、本当に良いエネルギーが出ているのは間違いないでしょう。

この「ホロンクリスタル」の使い方は、飾っておいて眺めるというのが基本です。置いておくだけで良いエネルギーが出ますから、置いている部屋の空間のエネルギーが浄化されます。さらにライトアップして眺めることによって、見ている人の視覚から情報が入り、その人の潜在意識に働きかけてきます。数霊の研究をしている途中、自然な流れの中で生まれた作品なのです。

そのデザインをしていただいたエネルギーがわかる方との出逢いも、私にとってはとても大きな出来事でした。意識の世界や霊界のこと、また惑星の波動についてなど、私がそれまで知らなかった情報を数々教えていただきました。私自身が見えない世界を把握していくために、必要な情報を教えてくださった方で心から感謝しています。

また、この「ホロンクリスタル」をいつでもどこでも身につけていけるように、小型化したペンダントも作りました。

私も常に身につけていますが、エネルギーが心身を浄化してくれて、気持ちが落ち着きます。集中力を高め、緊張もほぐしてくれるようなので、上がり症の方が営業や、人前でプレゼンテーションをする時にもお勧めです。

このペンダントを身につけてから、乗り物酔いしなくなりましたという体験談も報告されています。

図形の逆転現象

このホロンクリスタルを眺めていると、不思議な体験をするようになります。

手に持ってゆっくりと回転をさせると、いつの間にかホロンクリスタルが回転している方向とは逆の方向に、中の図形が回転をするように見えてきます。最初からそのように見える人は少ないのですが、夜寝る前で頭が半分眠りに入っているようなタイミングでホロンクリスタルを手に持ちながら回転させていると、中の図形が逆回転に見えてくるのです。片目で見た方が見えやすいと思います。

その動きをとらえた時には、何とも言えない不思議な感覚を体験します。今まで3次元の世界を見ていた感覚とはまったく違ったものになっていることに気づくでしょう。おそらく、逆回転に見えた時は、潜在意識が活性化してきた時なのではないかと思います。つまり、ホロンクリスタルには、心地よいエネルギーで部屋の空間を浄化する働きと、彫ってある図形を眺めることによって、人の潜在意識を活性化させる働きがあると考えられます。

しかし、ネガティブなエネルギーの強い場所に長時間置いておくと、中に彫ってある図形の線に、朝つゆが蜘蛛の糸に付いたような点がポツポツと現れてきます。これも不思議な現象ですが、おそらくネガティブエネルギーを浄化しているために、そのような現象が生じてくるのだと思います。そのためにホロンクリスタルを所有している方には、定期的に流水にさらしたり、塩の中に埋めたり、太陽や月の光などで吸収したネガティブエネルギーを洗い流し、浄化することをお勧めしています。

次元とは自由度を表す単位

魔方陣に入っていた、3次元の相対性と4次元の相対性を表す法則から、次元に関して詳しく考察を行う必要が出てきました。今世の中にいるほとんどの人たちが、3次元の空間で暮らしていると思い込んでいます。確かに、私たちの身体は3次元の物質として存在していますので、3次元にいることは間違いないのです。しかしながら、3次元にいるのは身体であって、私たちの意識は4次元にいます。

昼間起きて生活している時も、私たちの意識は4次元にいるのですが、そのことを忘れてしまっている人がほとんどなのです。ここに1枚のイラストがあります。映

画館でポップコーンを食べながら映画を見ている女性のイラストです。映画の中では、女性と男性が向き合っています。

映画はスクリーンに画像が投影されたものですので、そこに生きた人が実際にいるわけではありません。でも仮に、スクリーンに映っているこの男女が生きている人だとしたら、この二人は相手がどのように見えているだろうか想像してみてください。

スクリーンは平面ですから、2次元の世界になります。その2次元の平面世界に住んでいる人たちは、目の前にいる相手の人は直線にしか見えないはずなのです。でも映画館で見ている女性は、3次元空間にいるので2次元の平面世界全体が見えるのです。このように考えてみると、私たちに見えている世界は自分が存在している次元の一つ

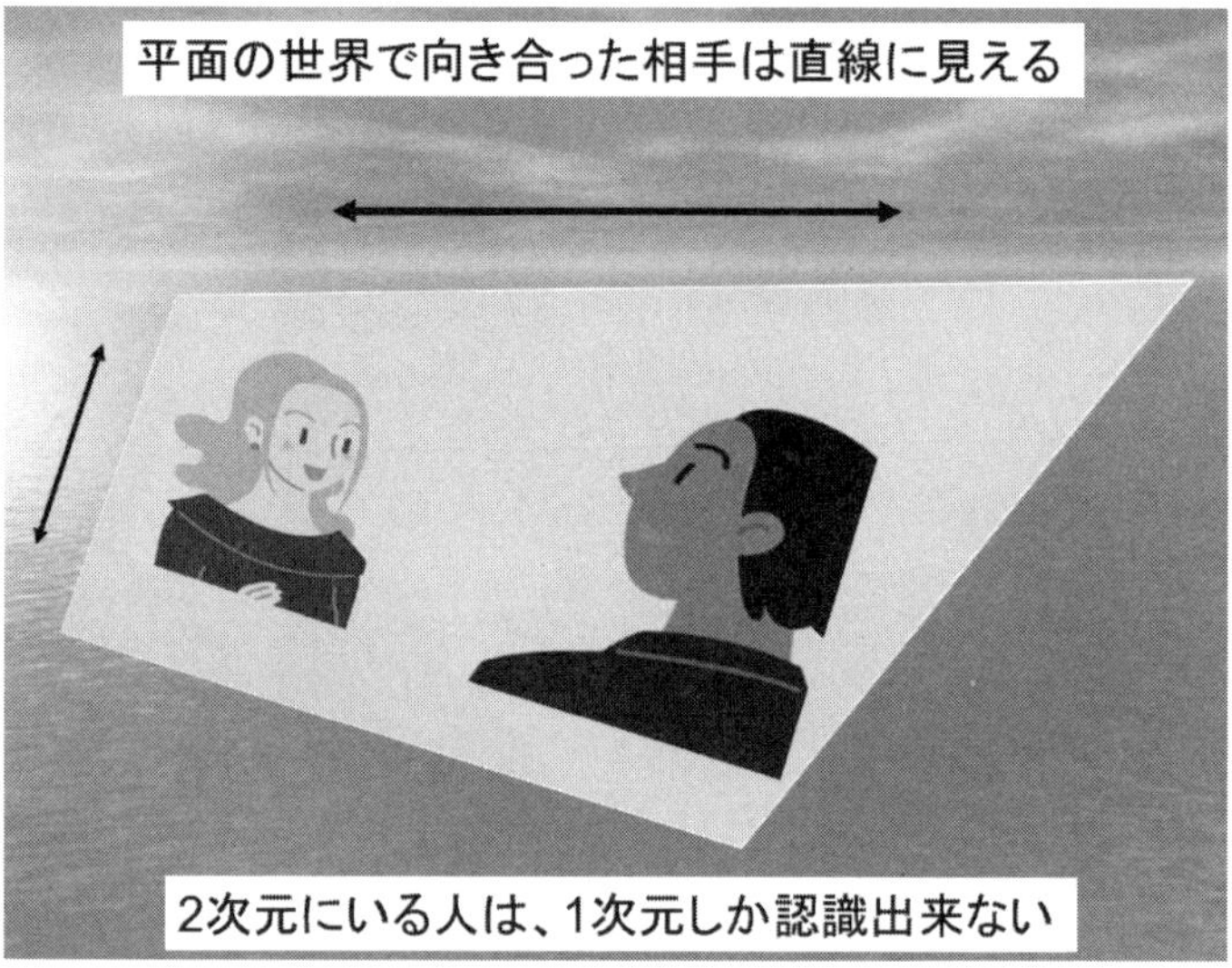
平面の世界で向き合った相手は直線に見える
2次元にいる人は、1次元しか認識出来ない

下の次元しか全体は見えないということがわかってきます。

そのように考えた時、普段目覚めて生活している時に私たちが見ている世界は、どのように見えているでしょうか？

おそらく空間として広がりのある世界に見えているはずです。そして使っているパソコンやスマホなど立体的な道具として見えているのではないでしょうか？

今見えている物が立体的に見えて、自分がいる世界が3次元の空間に見えているのならば、それらを見ているあなたの意識は4次元にいなければならないはずです。

ところが、セミナー中に私が手に持ったペットボトルが、立体的に見えますかと質問した時に、全員の人が立体に見えると言っていながら、それを今何次元から見ていますか？　と質問をすると、ほとんどの人が3次元から見ていますと答えるのが現状なのです。

3次元空間に存在するペットボトルが立体的に見えているのであれば、そのペットボトルを見ている人の意識は4次元にいるはずなのです。

ところがほとんどの人が3次元から見ていますと答えるということは、つまり意識が3次元空間に閉じ込められた「籠の中の鳥」状態の人が大勢いるということなのです。自分がそのような状態でいることに気づかないでいると、どのような問題が起きてくるでしょうか？

3次元の情報は、相手の人がどのような服装をしてどのような見た目なのか、そして何を話しているのかなど、視覚や聴覚など五感で受け取ることのできる情報です。それらの情報は、健康な人であれば誰でも受け取ることができます。それでは4次元の情報はどうでしょうか？

4次元の情報は心の中の情報ですから、思い、気持ち、目的などの情報です。このような心の中の情報がわかれば、目の前の人が心の中で思っていることと、話している内容が違っていた時に、この人はウソをついていることが手に取るようにわかるはずです。

世の中のすべての人が、そのように相手の心の中の情報がわかるようになれば、ウソの通用しない世界になるはずですが、心の中の情報がわかる人が少ないのでウソが通用する世界になっているのです。

世の中で詐欺にあう人がいかに多いことか、そして国会の答弁でウソの証言をする人がまかり通る状況。4次元の世界である心の中の情報がわかるようになると、そのような状況もなくなると思います。そうなるためには一つ上の5次元から情報を受け取る必要があり、5次元意識が覚醒しなければなりません。

5次元意識の覚醒を縄文ゲートが開くと言うそうですが、まずは3次元空間に閉じ込められている「籠の中の鳥」状態でいることに気づき、そこから抜け出して、4次元時空に意識を羽ばたかせることから始める必要があります。そのための縄文ゲートを開くツールとして、縄文の智恵を活用した「数霊システム」があるのです。

数霊ＲＥＩＷＡの誕生

波動コードの魔方陣をパソコンのソフトとして開発した後、このプログラムを活用して誰でも簡単に使える波動装置を開発することに取り組みました。船井幸雄氏のご紹介で、30年前世の人たちに知られることになった、波動測定器ＭＲＡです。

波動技術自体は、今までにない素晴らしい技術なのですが、装置の価格が高いということ、そして操作方法が難しいという難点がありました。いくら良い技術であっても、そのままでは世の中に広がっていきません。そこで、もっと安くもっと簡単で、さらにもっと効果的な波動水を作ることのできる装置を開発すれば、この技術が世の中に広がっていくだろうと考えたわけです。

そこで開発したのが数霊システムという名前の装置です。数霊システムは、パソコンに繋いで使う装置ですが、２０２０年現在累計で１０００台ほど出荷されています。

今までのＭＲＡに比べればかなり多い台数になりますが、日本の人口に対比してみると微々たる数字になります。今までの数霊システムは、パソコンに繋いで使う装置でしたので、パソコンの扱いに慣れていない方や、外に持ち歩きたい人にとっては、使い勝手が良くない装置でした。多くの人にさらに使ってもらい、世の中にこの技術を広めていくことを目的として開発した数霊システムです。その目的を達成するために、パソコンを必要としないポータブルタイプの装置を開発することを決めたのです。

そして、その装置を今まで以上世の中に広めていきたいと考え、船井氏が設立された株式会社本物研究所さんにお声がけさせていただきました。この流れは、30年前に船井氏のお力添えで、江本勝氏が世に出ることができた時の再現のようです。30年経った今、江本氏が残された波動技術に数霊の法則が加わり進化して、そこに結晶写真も映し出されるようにした装置『数霊REIWA』を作りました。

その装置を、HONMONOブランドとして船井氏が考案されたエヴァマークをパネルデザインに入れ、令和2年7月に発売したのです。株式会社本物研究所さんの販売力によって、たくさんの数霊REIWAが世に出ていくことができれば、今日本国内において新型コロナウイルスや5G電磁波の問題で不安や恐怖を感じている人たちの間に安心感が広がっていくことでしょう。

いよいよ封印されていた縄文の智慧が、実際のツールに使われて「籠の中の鳥」達が無限の広さを持つ時空の世界へ解き放たれる時代がきたのです。そして、これからは日本人の中で5次元意識が覚醒し始める人が、どんどん増えてくることでしょう。

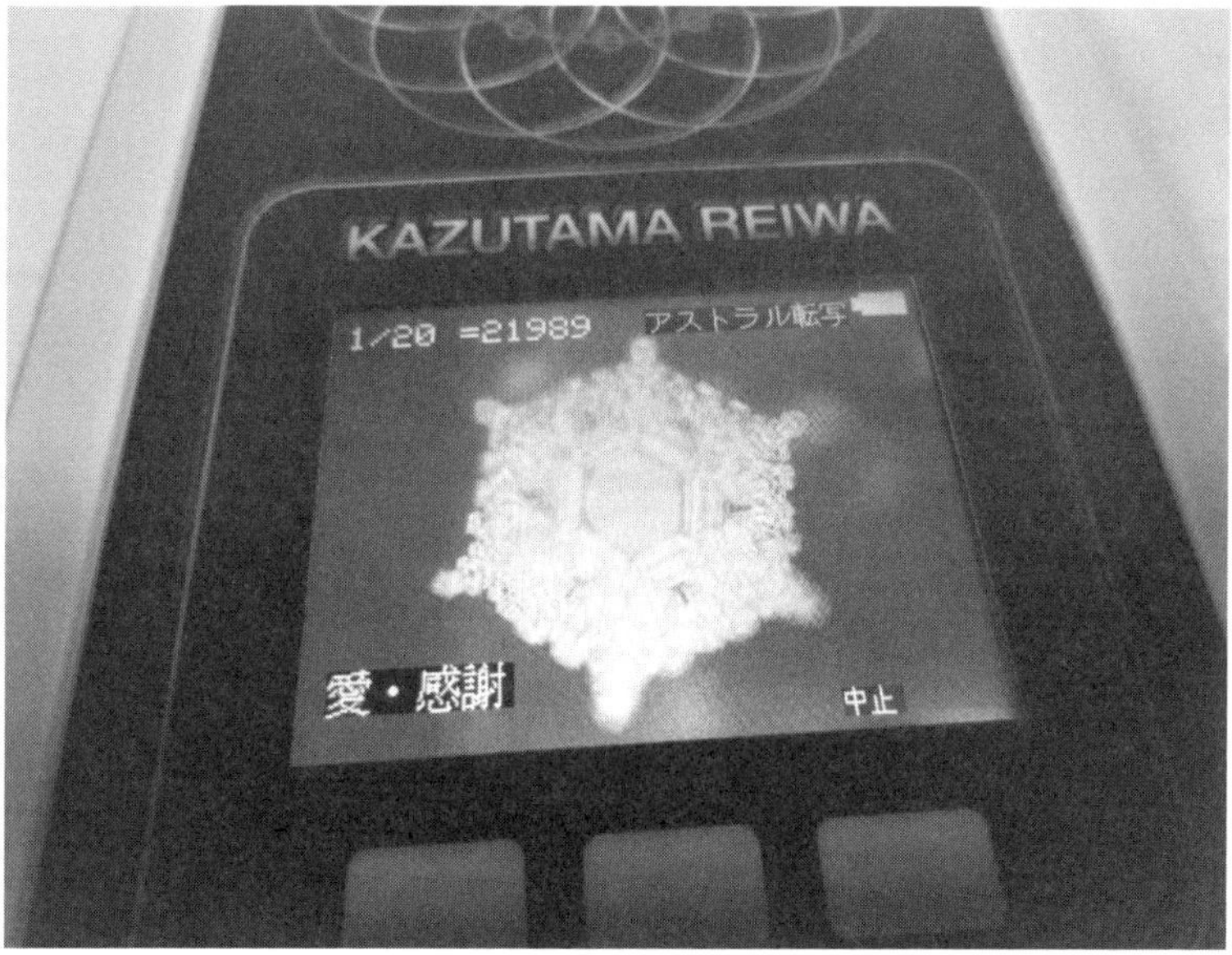

数霊REIWA
ディスプレイに124枚の結晶写真が順番に表示されながら
波動転写が行われる

第4章

波動カウンセリングの実際

これまで28年間、波動カウンセラーとして様々な方を見てきましたが、みなさん多種多様なお悩みがあり、解決したい人生の問題を抱えていらっしゃいます。

西洋医学だけではなかなか治らない病気や健康問題をはじめ、うつや引きこもり、いじめ、パニック障害など心の問題、恋愛、結婚、離婚、金銭トラブル、人生の目的が見つからない方など、その悩みは千差万別です。

「数霊システム」でエネルギー調整を行い、問題を解決するためのサポートをさせていただいた事例をいくつかご紹介いたします。「数霊システム」の凄さを知っていただくためには実際の体験談が一番よく理解していただけると思うからです。

また、「数霊システム」は人間だけでなく機械の不調もエネルギー調整することで直せるのです。私が実際に行った機械調整や、本書で前にご説明した万人向けの波動水「数霊セラピーウォーター」を飲用された方からの声も合わせてご紹介いたします。

1 最初の有料クライアントは白血病のネコちゃん

今でも最初のお客様というのは印象深いものです。初めてサロンをオープンするにあたって、私はできるだけたくさんのお客様に来ていただくために、「オープン記念キャンペーン」と銘打って、無料体験測定の案内を出しました。

当時、ＩＨＭの会員さんがかなりいらっしゃったので、その方たちを中心にして案内状をお送りし、実にたくさんの方たちに来ていただきました。その中には有料測定を希望する方々もいらっしゃり、最初に有料測定を申込まれた方のご依頼は、何とネコちゃんの測定でした。

飼い主の方は近くにお住まいで、サロンがオープンしたということで体験測定を受けにみえられ、同時にネコちゃんの波動測定をしてほしいということで写真を持ってこられました。ペットの場合、測定する時に便利なハンドプレートというのがあります。そこに手を乗せてもらって測定をするのですが、ネコの場合は人間の手の代わりに肉球を置いて測定することになります。そのネコちゃんが協力的で、１時間くらいかかる測定をジーッと受けてくれれば良いのですが、なかなか素直にジーッとしてくれません。そこで、写真を使って測定するのです。

不思議ですが、波動測定というのは写真を使っても可能なのです。ご本人の写真を撮って、ハンドプレートのところに写真を乗せます。それで測定をすると、本人が手を乗せているのと同じように反応が拾えます。写真を窓口にして、ご本人から情報を拾うことができるのです。つまり、遠隔で情報を拾うことができるということです。

ネコの写真を持ってこられたお客様によると、1週間くらい前から食べたものを吐いて体調が悪いとのことでした。飼い主の方のご心配は、ネコの白血病でした。ネコにも白血病があるらしく、しかも感染するらしいのです。食べたものを吐いてしまう症状がまず出てくるそうで、その方の友達のネコがその病気で亡くなってしまったらしいのです。ずっと家の中で飼っていて外には出していなかったのだけれど、自分のネコも同じような症状が出ているのでちょっと心配になって、もしかしたら感染したのではないかと心配されていたのです。

けれどもネコ同士の接触はなかったようですし、外に出してなかったから感染はないはずだと言います。それでも同じような症状が出ていたので、もしかしたら感染しているのかもしれないと不安になり、測定を申し込まれたのです。

当時、まだ知識不足だった私は、ネコの白血病があることを知りませんでした、そしてどのように測定をすれば良いのかもわかりませんでした。そこですぐにＩＨＭ本部に電話をして聞いてみました。ちょうど本部には元獣医をされていた社員の人がいたのでその方に相談をすると、ネコの白血病を調べる時には、感染しているかどうかの判断は、リンパ球のコードを確認してくださいとのことでした。リンパ球コードに非共鳴の反応が出た場合、おそらくその病気に感染しているでしょうと教えてくれたのです。

そこでさっそくリンパ球のコードを使って測定をしてみると、ものすごい非共鳴の反応がありましたので、私は完全に感染しているだろうと思ったのです。そしてそれ以外の関連項目も測定をして波動水を作り、飼い主の方にお渡ししました。

飼い主の方は「やっぱり感染していましたか」と、たいへん落ち込まれていましたが、持ち帰ったお水を飲ませたら1週間後にはケロッと元気になったということでした。その後、波動水を全部飲みきったので、念のためにもう1回測定をしてほしいと申し込まれてきましたが、2回目の測定ではリンパ球コードの反応がきれいに消えていたのです。

最初の測定を行った時には、リンパ球に影響を与えていたとみられる「心配」、「不安」と、「恐怖」、「悲しみ」のマイナスの感情波動がものすごく強く反応していて、そのことを飼い主の方にお伝えしました。その後、その飼い主の奥様も体調が良くないということで測定を申込まれてきました。そこで測定をしてみたのですが、ペットのネコちゃんの測定時に出てきた感情と同じものが出てきたのです。

つまり、飼い主の感情がネコに反映されていたということです。家から出ないネコちゃんですから、不安とか恐怖とかあまり感じないはずだと考えがちですが、私の解釈はちょっと違います。一般的にペットというのは飼い主を癒す存在です。ペットがいてくれることで飼い主は安心して心が癒されるわけです。しかし逆にペット側から見れば、飼い主の心を癒しているということは、飼い主のマイナスの感情を引き受けているということも考えられるのです。それが原因になってネコの白血病になったのではないだろうか、というのが私なりの推測です。

そういうことがあり、最初のお客様というのはたいへん印象に残りますが、それがまさかネコちゃんだったので、ずっと記憶に残っているわけです。

2 白鳥哲監督はセルフヒーリングと波動水で自ら脳腫瘍を克服した

白鳥哲さんは声優・俳優であり、映画監督をされている方です。最近は講演会でかなりお忙しそうですが、彼との出会いは『ストーンエイジ』という映画を作るため、ＩＨＭの事務所にお見えになった時でした。

彼が手がけていた『ストーンエイジ』の映画の中に、波動測定の場面を入れたいということでした。なぜそういう話になったかというと、江本勝氏が書いた『波動時代への序幕』という本の中に書かれているエピソードにあります。

白血病で入院していた女の子のお母さんが、その子の写真を撮って江本勝氏のところに持っていき、波動測定をお願いして、できた波動水を入院中の女の子に飲ませ、飲んだ後にまた写真を撮って波動測定をお願いし……というのを繰り返して、波動水を女の子に飲ませてあげるという話が載っているのです。

白鳥さんは、そのお話を読んで感動されたそうです。

映画『ストーンエイジ』というのは引きこもりをテーマにした映画なのですが、その映画の中に出てくるマモルさんという人が、ガンになってしまうのです。その人を治すために主人公が波動水を作ってもらい届ける、というストーリーを映画の中に入れていました。

ＩＨＭの会長室と研究所、そして波動測定器「ＭＲＡ」を準備して早速映画の撮影を行いました。それから「ＭＲＡ」の操作をする人が必要だということで、私がその役を引き受けました。また、結晶写真の研究所も映画の中に出てくるのですが、私が研究所の所員の役で白衣を着て、水が入った瓶に文字を貼っているシーンと、顕微鏡を覗いて結晶写真を写しているシーンでもちょっとだけ出ています。

彼とはそのような形でご縁がありました。その映画はもう完成しており、国内だけではなく海外でも上映されています。

その後しばらくして、白鳥さんから私のサロンに電話がありました。「私の知り合いに脳腫瘍の方がいるのですが、波動水で良くなるでしょうか?」との問い合わせでした。

「良くなる可能性はありますが、その友達というのはどなたですか?」と聞いてみると、「すみません、実は僕なんです」と言うではありませんか。最初は冗談を言ってるのかと思いましたが、話している雰囲気は冗談を言っているような感じではなかったのです。

白鳥さんがこう詳しく説明してくれました。ある時すごい頭痛と吐き気がして病院に行って調べると、脳幹の部分に影が写っていて、お医者さんからは腫瘍の可能性が非常に高いと言われたのです。その後、どんどん症状が悪化して、そのうちに舌が曲がってしまって喋れなくなってしまったそうです。彼は声優の仕事もしていましたので、しゃべれないという事は仕事ができないことを意味します。そのうちに肩の筋肉がげっそり落ちてしまい、腕が上がらない状態になってきて、そのうち耳までその影響がきて平衡感覚がなくなって、真っ直ぐ歩けないという状況でした。

電話口からでもその大変な様子がわかりましたので、「すぐに来てください」と言って、その日の午後に来てもらいました。そして波動測定を行い、波動水を作って飲んでもらいました。

その時の測定では、確かに腫瘍コードに波動の乱れの反応が出ていました。そこで最初は1

週間おきに来てもらい、その都度波動水を作りました。しばらくすると落ち着いてきて、腫瘍のコードには反応がほとんど出なくなり、代わりに炎症のコードに反応が出るようになっていました。

波動が改善の方向に向かいだすと、自覚症状もだんだんなくなってきました。だいぶ安定したところで、今度は1か月おきに来てもらうようにしました。

そのような経過を辿りながら波動測定を受けていただいたのですが、測定を受けながら白鳥さんは、自分の内面を見つめ心や意識に対峙して、その中に抱えているネガティブな感情を正面から受け止めて、自分自身でそれらの情報やエネルギーを解放していくワークを行いました。

まず、どのようなネガティブ感情が湧いているのかを確認して、その感情が湧いてくることを認めて肯定していったそうです。

「脳腫瘍になって怖いよね。死ぬかもしれない状態になって恐怖が湧いてくるのは当たり前だよね。ごめんね、怖かったんだね。許してね」と肯定して、謝って、許す、という作業を一つずつ丁寧に行っていきました。

1年間サロンに通ってもらったのですが、1年経った時、ご本人の自覚症状はまったくありませんでした。普通に喋ることもできましたし、肩の筋肉も元に戻り、平衡感覚も正常になっていました。そして、病院に行って最後の検査を受けると、「完全に影が消えています。完治しています」というお医者さんの診断をもらったということです。

白鳥さんは脳腫瘍になった時、まず西洋医学で診察を受けました。そして西洋医学の素晴らしいところ、足りないところを自分自身の診察を通して確認されました。その後、代替医療と呼ばれる治療をいくつか受けながら、当社の波動カウンセリングも受けに来られたのです。

当社で波動測定した内容をお伝えする際に、もちろん「数霊の法則」のことも、潜在意識のことも全部お話しして、実際に出てきたデータをリストにして見てもらいながら説明しますから、ご本人もすごく納得されるわけです。その間に、ただ波動水を飲んでいるだけでなく、自分で自分自身の内面に向きあって、ネガティブなものをとにかく自分で探して、ハワイの祈りの手法である「ホ・オポノポノ」の祈りをあげていたそうです。

「ホ・オポノポノ」の祈りとは、「ごめんなさい・許してください・ありがとう・愛しています」と言葉に出して、自分の潜在意識に言い続けるのです。

そして結果的に、彼の脳腫瘍は完治しました。治っていく中で、いろいろな治療法を受けられて一番の手助けになったのが、私が作った波動水だったとおっしゃっています。そして彼は、「数霊の法則」というのは、ものすごく素晴らしいから、これを映像にして世の中の人に伝えていきたいと申し出をいただき、『数霊ＤＶＤ』を制作してくださったのです。

当社のサロンでセミナーを行い、それを撮影して１００分に編集しています。高画質でＢＧ

Mが流れ、スライドで映した図は、直接カメラで撮影した画像ではなくて、中にまた映像として取り入れて、加工をしていますので、非常に見やすい映像になっています。また、短いですがプロモーションビデオも作って入れてありますので、実際の波動を測定している様子が誰にでもわかるように作られています。

そういった経緯から『数霊ＤＶＤ』が誕生したのです。

また、白鳥さんご自身で体験された内容を手記にまとめた著書『ギフト』を出版されていますので、ご興味のある方は読んでみてください。ご本人の言葉によって語られた体験談は、臨場感にあふれており、その時の気持ちや感情がリアルに伝わってきます。

その後、２０２２年にはＤＶＤ数霊２・０ヤハウェー星からのメッセージが完成しています。

自分の意志で行い、自分で責任を持つということ

白鳥哲さんの波動測定をさせていただき、結果として彼の脳腫瘍が完治した――その流れをオペレーターという立場で体験させていただいたことは、私にとっても大きな収穫でした。私はずっと波動カウンセリングを続けてくる中で、重い症状を抱えている大勢の方を測定してきま

した。正直に言うと、波動水を飲んで良くなる方もいれば、何も変化しない方もいらっしゃいました。

私はこの仕事を始めた当初、波動水ですべての問題が解決できるのではないかと思っていました。そして、そのような結果を出せる測定の手法をずっと探究していたのです。しかし、いくら自分が頑張って測定しても、変化を感じない人は必ずいるのです。どうしてだろうと思いながら､変化を感じない人を詳しく観察してみると､問題解決のすべてを波動水に委ねてしまっていることに気づきました。

そこで、そのような状況を変えるために、クライアントさん自身が自分で問題に取り組む必要があるのではないかと考え、自分で簡単にできるセルフヒーリングの手法はないだろうかと探し始めました。つまり、自分の病気を治したり、抱えている問題を解消していく作業に、クライアントさん自身にも参加してもらう必要があることに気づいたのです。いろいろ探してみたのですが、なかなか良い手法に出会うことができず、そのまま時間だけが過ぎていきました。

そのような時に白鳥さんが脳腫瘍の相談にみえられたのです。そして、完治されたその流れの中で私が気づいたのは、本人の意志が重要であるということでした。それは病気を治して健康な状態に戻りたいという強い意志なのです。

病気になっている人は、いろいろ不具合を抱えていますから、痛み、苦しみなどから解放されたい、病気を治したいと思うのは当たり前ではないかと、みなさんは思うかもしれません。確かに表面的に、すべての人は病気が治って健康になれれば嬉しいと思っています。でも、それは表面的な意識、つまり顕在意識で思っていることなのです。

ところが、潜在意識の中では治りたくないと思っている人も実際多いのです。治らない方が、家族や周りの人から大切に扱ってもらえて、注目してもらえるなど、本人にとって得することがあるからなのです。そのような方の場合は、波動水を飲んでも変化の割合は少ないようです。つまり、意志を持つということは、潜在意識から変化を望んでいる状態を指すのです。

そして、その意志には責任が伴います。責任が伴っていない意志は本当の意志ではありません。本当の意志でない場合には、人は責任逃れや責任転嫁をします。自分の責任ではないとか、あの人に言われてやったとか、そんな言い訳をしてしまうのです。そのような薄っぺらな意志では、自分の抱えている問題は解決できないのです。大切なのは、責任を伴った意志で行動を起こすことなのです。

白鳥さんの場合、自分の病気に正面から向き合い、受け止め、そして自分の意志と責任において、波動カウンセリングを受けに来られました。そして、測定によって拾いだされた情報を見ながら、自ら行動を起こして、自分の内面と向き合い、ネガティブな感情を吐きだし、認め、許し、癒していったのです。

そのような白鳥さん自身の取り組みをしっかりとサポートしたのが、波動水です。この両者が揃っていたからこそ、脳腫瘍という難病を1年という期間で完治させることができたのだろうと思います。もし、どちらかが欠けていたならば、完治するまでにもっと時間がかかったと思いますし、もしかしたら改善しなかったのかもしれません。

白鳥さんの波動カウンセリングを担当させていただいた中で、私自身がそのことに気づくことができました。そのような意味において、白鳥さんにはとても感謝しています。

3 長年引きずったお母さんのネガティブ感情が赤ちゃんに影響

次は、サロン開設当初のお客様で、記憶に強く残っている方のお話です。

ある日、いつものようにサロンに届いた郵便物を確認していると、その中に一通の手紙が目に留まりました。差出人名を見るとYとなっています。いったい誰だろうと思いながら開封し手紙を読んでみると、その内容に驚きました。とにかく急を要する状態らしく、急ぎの波動カウンセリングの申込みだったのです。

「突然お手紙を差し上げます。実は、今年3月の終わりに第2子の妊娠がわかり、楽しみに過ごしておりましたところ、6月の初めより体調を崩し、高熱の出る日が続きました。妊婦ですので薬を飲むこともできず、ただ実家で寝ておりましたが、あまりに思わしくないので7月3日から病院に入院ということになりまして、現在に至っております。いろいろ検査はしましたが、熱の出る原因はわからず、弱い抗生剤を投与し、現在熱は落ち着いています。今の症状としては肝臓の機能が悪いこと、貧血がどんどん進むこと、産婦人科的には前置胎盤といって胎盤の位置が悪く、普通の出産はできないと言われていること。〝帝王切開〟ということになるが、ひどい貧血で、その前にも出血などしたら止まらなくなる恐れがあり、絶対安静を言われており、とても不安な気持ちで日々過ごしています。

貧血に対して輸血を急ぎ勧められていますが、不安です。どうか、まだ生きていたいのです。小さな長男のためにも、自分自身のためにも。伺うことはできませんので、写真でみていただきたいと思います。誠に勝手で申し訳ありませんが、急いでいただければと思います。何とぞよろしくお願い申し上げます」

このような内容のお手紙でしたので、読んだ瞬間にこれは大変なことだと思いました。その日の夕方の時間が空いていたので、すぐに測定を行いました。そして翌日には、宅急便で波動水をお送りしたのです。その後の様子を含めて、ご本人から体験談を投稿していただきましたので、その内容を転載したいと思います。

10年前の否定的思いが考え方の癖になって

今年6月上旬、身体中がかゆくなり、それに伴い高熱、一部のリンパ節腫脹などの症状が現われました。採血検査の結果、肝、胆道系機能異常が認められましたが、その原因はなかなかわからず、不安感から入院中の病棟で写真をとってもらい、写真測定を依頼しました。

具体的な変化として……7月30日より波動水を飲用。2日目の採血でひどかった貧血が6・3～7・2となり、8月19日には9・8に。まだ貧血ではありますが、入院時と同じ値に戻りました。GOT637↓18になり、GPT324↓12と肝機能の方もほぼ改善されました。

これまで特に病気らしい病気をしたことがなく、突然、このようなことになってかなり動揺しました。また妊娠中でもあり、子供はどうなるんだろうという思いがよけいに不安を掻き立てられました。一時は黄疸もひどく、熱も40度を超す勢いで、このままだったら生きていけないのではないかと思ったほどでした。そんななかで測定をお願いしたのですが、まず的確な説明で気持ちが落ち着いたことが一番大きかったと思います。

〝5年～10年程前に抱いた否定的感情が、今ウイルスを呼び込み、脳下垂体↓ホルモンバランス、血液の乱れを引き起こしている〟というものでしたが、確かに私は10年ほど前「信頼の欠如」、「過ちを繰り返す」といったような気持ちを抱え、暗中模索ともいうべき日々を送り、そのときに身につけてしまった考え方の癖が抜けず、今でも苦しいなと、ふと思うことがあったのでした。

今まで否定的感情が病を呼び込むと本では読んでいても、結局は知識として知っているだけでした。また病気になっても、波動カウンセリングがなければ、なぜ、どうして、病気になったのか、肉体のみの追求で終わってしまい、客観的に心の問題と結び付けて考えることはできなかったのではと思います。

波動水は、心の本当の叫びに耳を傾けるきっかけと、知らずに身につけてしまっていた重いコートを脱ぐ手伝いをしてくれたのだと思いました。今後、出産を控え、まだ途中報告といった感じですが、この体験を大切に前向きに過ごしていこうと思います。

無事に出産をした後に

その後、年が明け、早くも2月を迎えたある日。Yさんから久しぶりに電話で連絡が入りました。

「こんにちは、Yですが、いつもお世話になっています」

―ああ、Yさん、お元気ですか？　久しぶりですね。その後いかがですか。赤ちゃんは無事に生まれましたか

「ええ、おかげさまで元気に生まれました。その節は大変お世話になりました」

―そうですか、それはよかった（と言いながら、そっと胸をなで下ろしている私でした）

「でも……」

―でもどうかしたんですか？

「それがアトピーなんです」

―生まれた赤ちゃんですか？

「はい……」

―相当ひどいんですか？

私は、無意識のうちに〝相当ひどい〟という言葉を使っていました。

「そうなんです。病院に連れていき、診てもらったんですが、重度のアトピー性皮膚炎だって言われたんです。今度は赤ちゃんの測定をお願いしたいんですけど」
—わかりました。それではまた写真を送ってください
「はい、それでは宜しくおねがいします」
静かに受話器を置いてから、私は一人で考えていました。妊娠中にあれだけ容体がよくなかったのですから、お腹の赤ちゃんに何も影響がなかったとは考えにくい状況でした。でも大きな症状がなければ良しとしなければと思っていたのですが、まさかアトピーという形で出てくるとは考えてもいませんでした。

1週間後に写真が届き、同封してあった手紙にはこのように書かれていました。

「いつも大変お世話になりありがとうございます。さて、今回はお電話でもお話ししましたが、昨年10月に誕生しました次男のアトピー性皮膚炎のことで御相談致したくペンを取りました。

生後2、3日するとホッぺのあたりが少し赤くなり、1か月も経たないうちに皮膚から水が出て、顔、頭全体におよぶようになってしまいました。ステロイドは塗りたくないなぁなどと呑気にしているうちに、あっという間に、体中に広がってしまいました。赤ちゃんも不機嫌でいつも眠りが浅く、ミルクもあまり勢いよく飲みません。先日、地域の3・4か月の子供の検

診があったのですが、体重が増えておらず、アトピーも重症と診断されてしまいました。

吉野内さんも御存知のように、赤ちゃんがお腹にいた時の環境は決して良いものではありませんでした。十分に栄養を摂らねばならない時期に、高い熱が出ていたことから食事が喉を通らず、片寄ったものになっていましたし、精神状態も普通ではありませんでした。波動水を飲むようになってから少しは落ち着いたものの、やはり出産するまで何らかの不安がいつも心の中にあったと思います。諸々の影響が出ているのだと思いますが……何卒よろしくお願いいたします。」

私は同封されていた写真を見て「ああ大変だ……」と思わず声に出してしまうくらい全身に炎症を起こしていたのです。

すぐに測定を行ってみたところ、まさしくお母さんが妊娠中に作り出した感情である「恐怖波動」と「パニック波動」がお腹の赤ちゃんに影響していたという結果がはっきりと出てきたのです。測定していた私自身もあまりにもぴったり当てはまるので、びっくりしてしまいましたが、この波動水で間違いなく良くなるだろうという確信を持つことができたのでした。

それから6か月後のある日、Yさんが赤ちゃんを連れてサロンにお見えになりました。

「こんにちは」

—いらっしゃいませ。お久しぶりですね

「ええ、ごぶさた致しております」

挨拶もそこそこに、私は赤ちゃんの顔を覗き込みました。ニコニコと笑っている。かわいい笑顔だ。測定をした写真の時とはまったく違っている……。

—ずいぶん良くなりましたね、赤ちゃん

「おかげさまで、でも波動水を最初飲んでくれなかったんです。お水を送っていただいてから最初の1か月はほとんど飲まなくて、状態も全然変わらなかったんです」

—それで、どうされたんですか？

「飲んでくれないので困っていたのですが、ある時〝あっそうだ。私が飲めばいいんだわ！〟って気がついたんです。それから私が飲み始めて、しばらくはあまり変化がでなかったんですけど、1か月くらいしてから急に状態が良くなってきて、今はもうほとんど問題ない状態です」

私は最初、Yさんのお話を聞いていて、お母さんの母乳を通して赤ちゃんに波動水を飲ませてあげたのかなと思っていたのですが、聞いてみるとYさんはほとんど母乳が出なかったので初乳以外はほぼ粉ミルクだったそうなのです。それでも赤ちゃんが良くなったのは、波動水を飲んでお母さんの気持ちが落ち着いてきたことが、赤ちゃんにも良い影響を与えたことによるものだと考えられたのです。

まさに親子は5次元意識で繋がっていることを、この時にはっきりと認識したのです。

Yさんのお話を聞いていて思わず笑みがこぼれてきました。まだ少し皮膚に疵《きず》が残っている状態ですが、お話を聞いていると感動せずにはいられない私でした。Yさんもいろいろなことを経験して、大きく成長されたみたいでした。私は完全に良くなるまで赤ちゃんに波動水を飲ませてあげたいなと思いましたが、Yさんにはそのつもりはないみたいでした。

「もう波動水に頼らなくても大丈夫です。十分勉強させていただきましたから」と心の中でおっしゃっているのが私の心に聞こえてきました。

4 毎年インフルエンザに感染していた内科医のお医者さん

数霊システムのユーザーさんには、いろいろな職業の人がいます。大半の方は一般ユーザーさんですが、中には医療関係のお仕事をされている方もいらっしゃいます。

あるユーザーさんは内科医院を開業されているお医者さんの奥様なのです。その方からお話を聞くと、内科医院は冬になるとインフルエンザの患者さんが毎日大勢くるそうです。そして、その患者さんを診察するわけですから、当然お医者さんもインフルエンザに感染します。そして体調を崩してしまうそうなのです。

お医者さんですから、事前の予防も行っていると思うのですが、毎日100名以上の患者さんを診察していると、その予防も効果があまりないそうです。実際の病院の現場では、ニュースで発表されたインフルエンザ菌の種類だけではなくて、他のウイルスも同時に流行しているそうです。以前、新型インフルエンザが国内で流行しましたが、その年は新型インフルエンザだけではなくて、別のウイルスも流行していたといいます。

その奥様のお話では、別のウイルスに感染すると、嘔吐と下痢を繰り返して食事も喉を通らなくなるそうです。数霊システムの波動コードにはインフルエンザ・ウイルスのコードも数種類ありますが、それらは過去に流行ったウイルスの波動コードです。今流行っているウイルスの波動コードを知りたくて、その奥様からお問い合わせをいただいた私は、ある特殊な測定方法で文字から波動コードを拾い出して奥様に伝えました。

この波動コードを、ご自身の持っている数霊システムに入力して、さっそく波動水を作り、ご主人と病院のスタッフ全員に飲んでもらったそうです。シーズン中、毎日波動転写して作り置きしておきました。それをスタッフ全員が毎日飲んだところ、驚いたことにそのシーズンは誰もインフルエンザの症状が出なかったそうです。

こんなことは今まで一度もなかったので、その奥様は間違いなく波動水のおかげだと確信していました。そして、その報告を兼ねてお礼の電話をいただいたのです。今ではその波動水はスタッフのための常備水になっているそうです。

ここまで素晴らしい結果が出ているのであれば、患者さんにその波動水を飲ませてあげれば良いのにと思ってしまいますが、そこは医療制度や保険制度の難しいところで、現在の状況ではお医者さんから簡単に波動水のようなものを提供することはできないのでしょう。

このような垣根が取り払われて、近い将来病院で波動水を提供することのできるような社会になってほしいと思います。

5 不整脈で起き上がれなくなった状態からのSOS

私の知り合いでご家族全員で波動に興味を持たれ、息子さんが波動機器を使って様々なサービスを行っている方がいらっしゃいます。その息子さんも数霊システムを持っているユーザーさんで、装置の使い方や波動コードの意味などについて時々、問い合わせの電話やメールをいただいておりました。

ある日、その彼から電話がかかってきました。電話に出た私は、その方がいつもと違って苦しそうにしゃべっていたのでどうしたのかと驚きました。聞いてみると、以前から不整脈の症状が時々あり、その症状が出ると苦しくて動けなくなるそうなのです。しばらく横になって体を動かさないでいると、自然に症状が和らいで動けるようになっていたそうなのですが、その電話をもらった時はやはり不整脈の症状が出ており、少し横になっていたのだけれど、いつまで経っても治まらないので私の所にＳＯＳの電話をかけてきたのです。

私はその方の波動測定を写真で行ったことがあり、そのまま写真を保管していましたので、その写真を使ってＫＴＳ－ＰＲＯで測定を行ってみたのです。やはり心臓波動、自律神経波動、交感神経波動などに非共鳴音（波動の乱れがあるときに出てくる音）が確認できました。

そして、その次に毒素波動を確認してみると、赤外線波動に強い非共鳴音が出てきたのです。この赤外線コードに反応がある時は、霊障の影響が考えられます。

よくテレビ番組で心霊スポットなどを撮影した番組がありますが、夜、その場所を赤外線カメラで撮影すると幽霊が映っていたりすることがあります。赤外線カメラに映るということは、その幽霊も赤外線と同じ波長の霊体であるからエネルギー的に共鳴してカメラに映ったということでしょう。そのような霊の影響がある場合に、赤外線コードが強く反応を示すのですが、まさにこの時はそのコードが反応を示したのです。

ここで、普通の考え方ならばその霊をなんとかしてほしいと思うのでしょうが、波動の仕組みを知っているとそのような考えには至りません。根本原因はもっと深いところにあるのです。つまり、その霊はその人が持っているネガティブな情報に共鳴して影響をおよぼすようになっているわけですから、その人自身が持っているネガティブな情報が何かというのを探し出して、その情報が解消されていくように働きかける波動水を作るのです。波動水を飲んでその根本原因が消えてしまえば、その霊は共鳴する情報がなくなるので、もうその人に影響をおよぼすことができなくなるのです。

私はその根本原因であるネガティブな情報を測定で拾い出し、それが解消されていくために必要な波動コードをいくつか選び出しました。そして、すぐにメールで彼にその情報を送ったのです。

波動コードを受け取った彼は、自分の数霊システムでそれらの波動コードを水に転写して飲みました。メールで情報を送ってから約1時間経った頃、彼から電話がかかってきました。

波動水を飲んですぐに体調が楽になってきて、30分ほど経った頃には普通に動けるようになったとのことでした。突然彼は動けなくなり、自分ではどうしようもない状態で不安もあったと思うのですが、魔法のように症状が消えていくのを自分で経験して、今更ながら波動技術とはすごいものだと実感したそうです。

電話口で「吉野内さんの波動測定技術は、おみごと！　としか言いようがありません」とおっしゃっていました。後日その方からお礼に素敵な蘭の鉢植えが届きました。

6 スイミングスクールに通う男の子が波動水で準優勝

古くからの会員さんで、ご家族の波動カウンセリングを申込まれる方がいます。ご自身の申込みを最初にいただいたのですが、その後息子さんの測定依頼をいただくようになりました。

当初のご相談内容は、鼻炎などの健康相談が主でしたが、ある時、ちょっと変わったご相談を受けました。その息子さんはスポーツが好きでスイミングスクールに通っていました。相談内容というのは、息子さんが水泳の大会で良い成績を残すことのできる波動水を作れますか？というものでした。

詳しくお聞きすると、息子さんはスイミングスクールの練習で泳いでいる時は、とても良いタイムを出すそうなのですが、大会本番になるといつも通りの泳ぎができずに負けてばかりいるとのことでした。そして、次の大会はなんと1週間後だというではありませんか。本番まで日にちがないので難しいかなと思いながらも、その依頼を受けて波動水を作りすぐにお送りしました。おそらく届いたのは、大会本番4〜5日前だと思います。

その後、大会が終わってから連絡をいただいたのですが、その大会では準優勝したそうです。

私が行った波動測定では、大会本番で勝てない原因は緊張感やプレッシャーにあると考え、それらの感情が生じる原因を探してみたのです。すると出てきたのは、なんと母親の心配・不安という感情波動でした。おそらく、この感情はお母さん自身も気づいていない潜在意識の深いところにある情報だと思います。でも、家族の潜在意識は深い領域において共有しているので、お母さんが作った心配・不安の感情波動は息子さんにマイナスの影響をおよぼしたのでしょう。そのために緊張しやすい精神状態になり、実力を発揮できなかったのだと思います。

波動カウンセリングを行っていると、このように、目に見えない人の意識の仕組みが段々とわかってくるのです。そして、その人が知らない間に受けているマイナスの情報をブロックしてあげるだけで、本来の能力を発揮できるようになり、目標や願望を実現することができるようになるのです。

この息子さんには、その後も高校3年生まで波動水を飲み続けていただいた結果、高校のインターハイでも決勝まで残る活躍をして、大学3年生で日本選手権等の全国大会で毎回決勝での活躍を続けていき、最終的にはリオデジャネイロのオリンピックに出場を果たしました。

7 彼氏なし独身女性に波動測定ではじき出した日程通りの出会いが

Rさんはご両親が波動カウンセリングを受けていたことから当社のことを知り、ご自身も申込まれてきました。明るくて気さくな彼女でしたが、測定を受けに来てもらっていた何回目かの時に、測定情報の中に配偶者コードの反応が出てきたのです。その時の体験談を彼女自身に書いていただきました。

「私が、吉野内先生の波動測定を受け始めて何回目かの11月20日、測定中に先生から『あれ、結婚されてましたっけ？』と聞かれたのです。その時の私は独身でお付き合いしている人もいませんでした。

『いえ、いえ、それどころか相手の影も形もありません』と答えたところ、『そうですよねぇ…』と首をかしげる先生。先生曰く、その日の測定結果で〝配偶者〟という私にとっては初めての波動コードが強く出ていたそうなのです。今、目の前にいない人から何らかの影響を受けているという、にわかには信じがたいお話に半信半疑でいると、先生はこうおっしゃられました。

『じゃあ、いつ出会うか測定してみましょうか？』

『えっ、そんなことできるんですか？』

『普段は、ほとんどやったことありませんけどね、今日は特別に』

フフッと、いたずらっぽく笑いながら測定してくださいました。すると翌年の2月1日という日付が出てきたのです。実はその測定を受けた日は父が亡くなってからまだ20日目だったので、後片付けや翌月の納骨のための手続きや準備などに忙しくしている時だったのです。出会いの日として測定で出てきた2月1日までは2か月ちょっとです。私はそのような時に、新しい人と出会い、さらに結婚を考えるような状況になることは想像もできなかったのです。

その日、家に帰って今日の測定のことを母に話しました。

『そんなことあるわけないよね？』と投げかけると、母は『いやいや、そんなこともあるかもしれないよ』と本気で言っているのか、ただ面白がっているのかよくわからない返事でした。

そして年が明けた1月の初め、私の姉がメールの内容をプリントアウトして手渡してくれました。

そのメールは、亡き父の納骨にわざわざ昔の将棋仲間が来てくれることになり、その段取りを行うにあたり、将棋仲間の代表として姉とメールによる連絡のやり取りをしていた父の古くからの友人でした。

姉からのお礼メールへの返信だと思われる出だしの文章に続き、『お父様が亡くなられたばかりのこんな時期に失礼とは重々承知で書きますが、自分の長男と妹さんを一度引き合わせてはもらえないでしょうか？』という内容でした。

読み上げるその文章を横で聞いていた母はすかさず『吉野内先生が予言した人じゃない！』と興奮気味。その息子さんとは、子供のころ、キャンプに行ったり、家を行き来したりしていたので、子供の頃の顔が思い浮かぶ程度でした。

普段の私なら、お見合い相手が知っている人だけに、うまくいかなかった時の気まずさなど考えて、すぐにお断りしているところでした。でもこの時は、吉野内先生の診断結果を知っていたこともあり、何となく運命のようなものを感じていたのでしょうか？　ものすごく背中を押してもらえたように思います。

お会いすることを承諾した私は、その後、本人とメールをやり取りして、1月25日の会社帰りに二人で会うことになりました。私としては、予言の日まではあと6日ほどあるから、まだわからないぞ、なんて思っていましたが、その後メールでやりとりする中、ちょうど出会いの予言日であった2月1日の日に彼と結婚しようと自分の心の中で決めたのです。

それから結婚を前提としてお付き合いを始め、翌年の1月13日、私たちは結婚しました。まるで、天国に旅立った父が生前から計画していた私たちの出会いを、吉野内先生が波動測定で情報をキャッチして伝えてくれたような出来事でした。

現在、丸5年経った今も、彼と仲良く暮らしています。私たちが出会うのは運命だったとしても、結婚にまで至ったのは吉野内先生の測定のおかげと感謝しています。

ありがとうございました」

8 電話とインターネット回線の不調が遠隔ヒーリングで直った

波動水は目に見えない情報を記憶しているのですが、現代科学でそれを証明することは今のところ難しいようです。そのために波動水を飲んで体調が改善した人がいても、波動に対して懐疑的な人からはプラシーボ効果ではないかと言われることがあります。

プラシーボ効果とは、ただの小麦粉などを効果的な新薬だと言って患者に飲ませると、飲んだ本人が効くと信じこむことによって何らかの改善がみられる現象をいいます。

波動は目に見えない情報ですから、それを証明することはなかなか難しく、人の病気は本人の気持ち次第で改善することは多々ありますので、波動水を飲んでプラシーボ効果ではないかと言われても、それに対して反証することが難しかったのです。

ところが数霊システムの場合、遠隔ヒーリング機能がついておりますので、その機能を使って機械類のヒーリングをすることで、故障が直るという現象が起きます。

ある日、当社サロンの電話とインターネット回線が断続的に繋がらない状態が生じていました。当社は、光回線を電話とインターネット両方に使用していますので、その回線にトラブルが生じると両方に影響が出るのです。

その前日に大雪が降ったこともあり、雪の影響で回線に何らかの影響が出ているのかと思いました。そこでＮＴＴに問い合わせてみたのですが、そのような状況はこの地区では生じていないとのことで、念のために光回線につけているルーターの電源を1回切って、再度電源を入れ直してみました。以前、インターネットが不調な時に、同じ作業をしてみたところ正常になったことがあったのです。ところが今回は電源を入れ直してみても、状況は改善されませんでした。

どうしたものかと考え込んでいたのですが、パソコンや波動測定器などが故障を起こした時に、波動測定をして数霊システムの遠隔ヒーリングでエネルギーの調整を行うと直ることがよくあります。

そこで私は、光回線に装着しているルーターの写真を撮り、波動測定をしてみました。ルーターは2種類あり、NTTからレンタルしているものと、セキュリティのために別途契約したものがあったのです。測定をしてみると、NTTからレンタルされているものは、特に何もネガティブなエネルギーの反応は出てきませんでした。そこでもう一つのセキュリティ用のルーターを測定してみたのです、すると紫外線波動・放射線波動・恨み波動・妬み波動の反応が出てきたのです。

そこで私はそれらのマイナス波動を修正する波動コードを拾い出して、そのルーターを写した写真を使い遠隔ヒーリングを行いました。すると10分もしないうちに光回線が正常に繋がるようになったのです。

実は、そのセキュリティ用のルーターは、ある業者とリース契約をしていたのですが、その会社の担当営業員の対応が悪くてこちらの要望に応えてくれないこともあり、セキュリティ契約の更新をしませんでした。その契約が終了して2か月ほど過ぎていたのですが、ルーターの装置だけそのままにしていたのです。おそらくその写真を測定した時に出てきたマイナス感情波動は、その会社の営業員が生み出した想念のエネルギーではないかと思います。

契約の更新をしてもらえなかったことに対する不満の感情がこのような形で、装置に影響をおよぼしていたのだと考えられます。

エネルギーの世界は、目に見えないだけに何がどのように影響しているのか、普通はわかりません。そのエネルギーを測定して、調整することのできる数霊システムは素晴らしい装置であり、その装置を使って機械が直るということはプラシーボ効果ではなく、間違いなくエネルギーの調整が行われているということの証明になると思います。

この他にも、壊れていたパソコンが直ったとか、ゲーム機が直った、携帯電話が直ったという報告をユーザーさんからたくさんいただいています。

9 激減していたヒーリングサロンのお客様が元に戻った

ヒーリングサロンを経営されている方が波動カウンセリングを受けたことで、激減していたサロンのお客様が元の状態に戻ったという体験談を書いてくださいましたので、ご紹介させていただきます。

「私はヒーリングのサロンを経営していたのですが、とてもたくさんのお客様にご利用いただき忙しく仕事をしていました。ところが、4年くらい前からサロンのお客様がなぜかどんどん減っていったのです。お客様が減っていった原因や理由がまったくわからず途方に暮れて経営に困っていた時、ある会社の主催で「数霊セミナー説明会・波動水付き」の案内が目にとまりました。

私は波動水というものを飲んだことがなく半信半疑でいましたが、その時の私は藁にもすがる思いでしたので、そのセミナーに参加することにしました。

その時のセミナーでは、家庭用の数霊システムという装置に手を乗せてコンピューターが自動的に波動を測定して、自分に必要な波動水を作ってくれるものでした。私は金運アップのための測定をしていただき、自分専用の波動水をいただいて帰りました。

そのセミナーの帰り道のことですが、電車に乗って帰る時に波動水が入ったカバンを膝の上に置き、少し疲れていたのでしょうか、ウトウト居眠りをしていました。そして降りる駅に着いたので座席から立ち上がった時、それまで重い足を引きずるような感覚で歩いていた足がすごく軽くなっていたことに驚きを感じました。そのまま軽い足取りで家に着き、パソコンのメールを開いてみたのです。すると数日間お客様のお申込みがなかったのに、その日は数件お申込みのメールが入っていたのです。

セミナーで作って貰った波動水は、まだ口にしておらず、カバンの中に入れて持っていただけなのに、これほどの変化があるとは驚きました、この波動水はすごい！　と実感したのです。そのお水は1日分しかなかったのですぐになくなりました、そこで次はもっと効果が高いと思われる吉野内先生の個人セッションに申込み、直接サロンにお伺いしたのです。当日サロンにお伺いして、お客様が突然減ってきたことをご相談しました。なぜそのような状況になっているのか、どこに原因があるのかを知りたいこと、そしてその状況から抜け出したいことをご相談したのです。

吉野内先生のセッションは、先日のセミナーで受けた簡単な波動測定と比べると、もっと緻密で細かい情報を一つずつ丁寧に確認してくださるものでした。そして拾い出された情報から、今の私が置かれている状況がなぜ生じているのか、現在の状況の中で原因となるものや、それにまつわる過去世カルマなどを的確に教えていただき、とても納得できたのです。そして、その状況を解消するための波動水を作っていただきました。

作っていただいた波動水を飲み続けながら、自分自身でマイナスカルマの解消に取り組んでいるうちに、私のセッションや講座のお申込みもだんだんと増えていき、元の状態に戻ってきたのです。おかげ様でお店を閉めることもなく、経営は安定していきました。

そのような経験を経て現在に至るのですが、そんな中で今まで経営していたサロンは自分自身の夢へのプロセスだったことに最近気づきました。そして本来の自分の夢であったＮＰＯを設立するお話を知人からいただき、現在は会社設立、そしてＮＰＯの設立に力を注ぐためにお店を閉め、そちらの準備に入りました。

もしあの時、吉野内先生に出会ってなかったら、数年前に経営不振という形でお店を閉め、後悔だけが残ったことだと思います。今は自分の夢に向かって楽しい人生を送っています。本当にありがとうございました」

10 「数霊セラピーウォーター金運」を飲んで

ある日、お客様からお電話をいただきました。

その方は定番の波動水である「数霊セラピーウォーター金運」を購入されて飲まれた方です。介護の仕事をされているそのお客様は、仕事の内容がきつい割にはお給料が安いと感じていたそうなのです。それでも、生活のために仕方なくその仕事を続けていたのですが、ある時、「数霊セラピーウォーター金運」をインターネットで見つけて、半信半疑ながらも購入して飲んでみたそうです。すると、飲み始めてすぐにお給料が5万円アップしたのです。こんなこともあるんだなあと思いながら、1本飲みきったので2本目を購入してお水を飲むのを継続していました。

しばらくすると、驚くことに新規で介護事業を始める会社からヘッドハンティングされたそうです。もちろん、条件は今まで勤めていたところよりも良い条件でしたから、その新しい会社に入りました。お給料はさらにアップしましたが、それよりも、自分の仕事をちゃんと見ていてくれる人がいること、そして自分を必要としてくれる人のところで働けること、それがとても嬉しいです、とおっしゃっていました。「数霊セラピーウォーター」は、それを飲む人の潜在意識に働きかけて、エネルギーの流れを阻害している要因を取り除く効果があります。

「数霊セラピーウォーター金運」の場合は、お金の流れを阻害する罪悪感や恐怖などの感情を中和するように設計しています。そのように働きかけることで、滞っていたお金の流れがスムーズになるのですが、何も努力をしていない人が飲んでも、大きな変化は生じないようです。それはもともと滞っているエネルギー自体がないからです。

この方は、冒頭で介護の仕事はきつい割にお給料は安いと嘆いていましたが、本当のところは精一杯努力をして、まじめに仕事をこなしていたのだろうと思います。だから、いきなり5万円の昇給があり、2本目を飲み始めた時点でヘッドハンティングにあったのでしょう。

後日談ですが、ある日「数霊セラピーウォーター金運」を飲み忘れて会社に出社したそうなのです。おはようございますと言って事務所に入っていくと、社長さんに「あれ、君いつもと雰囲気がちがうね？」と言われたそうです。お水を飲んでこなかったことを思い出して、そのことを社長さんに説明すると「忘れてきてはだめじゃないか、明日から忘れずに飲んでくるんだよ」と言われたそうです。

11 M君の金運ウォーター効果

私の後輩で、以前同じ会社に勤めており、現在は独立してネット通販の仕事とデザインの仕事をしているM君という人がいます。M君には当社のホームページを作ってもらっているのですが、彼が借金をいっぱい抱えて、にっちもさっちもいかず、通販の売上も落ちてきてどうしようもない、という時期がありました。

仕事の打ち合わせで当社を訪ねてきても、あまりにも暗い顔をしているので、元気づけてあげようと思いお昼を一緒に食べに行きました。景気づけに「ビールでも飲んで元気を出しなよ」と言ってビールを飲ませてあげましたが、ずっと暗い顔のままでした。

「数霊セラピーウォーター金運」を飲んでもらう方法もありますが、彼の場合はかなり深刻な状況だったので、「パーソナル金運ウォーター」を作ってあげました。パーソナルというのは、飲む人の波動測定をして、その人専用の波動水として作ったものです。

私は「出世払いでいいからね」と、彼にプレゼントしたのです。

その頃彼は、トイレなどに設置してある、手をかざすと風が吹いて同時に紫外線とオゾンが発生する「エアータオル」の製品を販売していました。それは1台30万円ほどする商品なのですが、「パーソナル金運ウォーター」を飲み出してからしばらくしたある日のこと、そのエアータオルを40台欲しいという問い合わせがあったというのです。それはある業種のお店をチェーン展開している企業からの問い合わせで、そのうちの40店舗すべての分の台数が欲しいとのことでした。当然台数をまとめるから値引きをしてほしいと言われました。

彼は営業の経験がなかったので、私のところにどのくらいで見積もりを出したらいいかと相談に来ました。「仕入れはこれだけの金額なのですが、あまり安くしたら利益が出ないし、高くしたら注文がこないといけないし……」ということで悩んでいたのです。

私は昔の営業経験からアドバイスをしてあげて、彼がその金額で見積もりを出すとすんなりと通りました。その後会社が助かったという素晴らしい奇跡のようなことが起こりました。

「数霊セラピーウォーター金運」は、その人の金運を上げる水ですが、解釈を変えると、金運を下げている要因を取り除くための波動水ということになります。水を飲んで、金運を下げている要因を取り除いても、その人自身が金運を高める努力をしていなければ運気は上がらないはずです。それまでにどれだけ努力をしていたかというのが飲んでからの変化に現れます。

M君の体験から考えると、彼はそれまで一生懸命自分なりに努力をしていたのでしょう。だから水を飲み始めるとすぐに現実世界での売り上げが実際に増えるという変化が生じたわけです。

彼のように劇的な変化が現れる方もいらっしゃいますが、それは普段からの努力と徳を積むという〝行い〟を、どれだけ心がけて生活しているのかによって違ってくるのだ、ということです。よく「天に貯金をする」と言いますが、彼を見ていて本当に天の貯金というものはあるのだということと実感しました。

このような体験を私はたくさん見てきました。何も知らない人がこのような話を聞けば、奇跡ではないかと思ってしまうでしょう。私も波動のことを最初に知った時は、こんな技術が世の中にあったのか、これは奇跡じゃないかと思いました。常識的に考えたらそんな技術などあり得ないと思っていたものが実際にあったわけです。

そしてそれを使いながら、今は私が「波動水」を作っているのです。実際に作ったお水を飲んでもらうと、見えられたお客様がいろいろな変化を感じたり体験したりするのです。するとそれはもう奇跡ではなくなり、私にとっては当たり前のことになりました。

今では、飲んでも何も起きないことの方が私にとっては逆に不思議なのです。そのような時には、「なぜこの人には変化が起きないのだろう」と考え、その理由をまた探していくためにワクワクしながら仕事をしています。

⑫ 奥様の両親から無視され続けても我慢

このように私のところに見えられるクライアントさんには、実に様々な方がいらっしゃいます。それぞれの問題や悩みを抱えて相談に見えられるのですが、自分専用の「数霊セラピーウォーター」を飲みながら、前向きに生活することで、ほとんどのみなさんが良い状態に変化していきます。

マイナスカルマの解消によって、信じられないような体験をされた人は数多くいらっしゃいます。その中で、わかりやすい事例を一つお話したいと思います。

その方は、当時四十代の既婚男性ですが、上がり症を改善する目的で波動カウンセリングを受けに訪れました。ところが何回か来店するうちに、別の悩みを話し始めるようになりました。それは、奥様のご両親から理由もなく嫌われており、一度も会って話をしたことがないという悩みでした。

もっと詳しくうかがうと、二人は結婚する前から一緒になることにご両親は反対されていたそうです。その反対を押し切って二人の意志で結婚をしましたが、その後、奥さんのご両親はまったく相手にしてくれませんでした。それでも、お中元やお歳暮、誕生日プレゼントなどを毎年送っていたそうです。

結婚後数年は、そのプレゼントさえも受け取ることなく送り返してきたそうです。しかし、彼はグッと我慢して贈り物を続け、やがてプレゼントは送り返されることはなくなりましたが、お礼の連絡がくることはまったくありませんでした。

彼のご両親は二人ともすでに他界していたので、奥さんのご両親を自分の親と思って大切にお付き合いしたいという思いがあったので、どんなに冷たくされても彼は辛抱強く我慢できたのでしょう。

そうこうするうちに6年が経過しました。そして7年目になった時に初めてのお子さんが誕生したのです。奥さんのご両親にとっても初孫なので、やはり顔を見せてあげたいと思って、奥さんから連絡を入れてもらい、親子三人で実家のご両親の家を訪ねていきました。

今までの対応がありましたので、何を言われるだろうと内心ビクビクしながら彼は玄関のチャイムを鳴らしたそうです。夏の暑い時期でしたが、スーツにネクタイ姿の正装で向かったのです。すると、家の中から父親が出てきてひと言「よく来たね、まあ上がりなさい」と優しく迎えてくれたのです。

「この暑いのにスーツなんか着て、さあ脱いで楽にしなさい」と自分を気遣ってくれるありさまです。今までの態度はいったい何だったんだろう？　と彼は狐に化かされていたような気持ちを味わったそうです。

後日談ですが、彼はいろいろなヒーリングを受けるのが好きで、何度も催眠療法を受けていたのだそうです。過去世を見る退行催眠を受けた時に、武家社会の時代にまでさかのぼりました。その時代の彼の前世は遊び人で、仕事も持たずちゃんと働いてなかったそうです。

ある時、町中で出会った武家の娘を好きになり、お付き合いを始めました。そして、どうしても結婚したいと思った彼は、とうとう娘の家を訪ねて父上に娘さんをくださいとお願いしたそうです。相手の家は由緒ある武士の家系であり、自分は定職も持たない遊び人です。「おまえのような遊び人に、わしの娘はやれん」と一喝、その場で刀を抜かれ、切り殺されそうになったそうです。

なんとかその太刀をかいくぐり逃げ出した彼は、その後娘さんを呼び出して駆け落ちしました。そしてある港町に逃れて、そこで商人になった彼は一生懸命働いて、商売も順調にいき、家庭を築いて幸せな人生を送ったのだそうです。

彼はそれで満足な人生を送ったのかもしれませんが、娘を失ったご両親はとても悲しんだに違いありません。彼は過去世で自分の奥さんのご両親を悲しませたという大きなマイナスカルマを作ってしまったのです。そして、今生においてまた同じ立場で巡り合い、過去世で作ってしまったマイナスカルマを解消しなければならなかったようです。

彼は6年間我慢して自分の作ったマイナスカルマを解消しました。そのカルマが解消された途端に、奥さんのご両親の態度が一変したのです。ご両親の態度が変わったのは、ご両親だけが変わったのではなく、ご両親と彼との間にあったマイナスカルマが解消されることで、彼らに共通する潜在意識の情報が変わったということなのです。

このお話をうかがった時に、潜在意識の変化がこのような形で、3次元における人間関係を大きく変化させる事実に、私自身がとても驚いたことを覚えています。

第5章

潜在意識とカルマの法則

人の身体における相対的なバランスとは？

まず初めに魔方陣の法則から次元の説明へ、そして幾何学図形とお話を進めてきました。これらの情報は、すべてが繋がっており関連しています。ここで、もう一度3次元に戻ってみましょう。

3次元は、私たちの身体が存在している次元になります。縦、横、高さの3方向に広がりを持つ空間です。そして、陰と陽の相対的なバランスによって成り立っている世界です。この世界を表現しているのが、魔方陣の中においては、縦、横、斜め、すべての列の合計数が同じになるという法則でした。

そこで、3次元に存在する私たちの身体を観察してみると、やはり同じように三方向の相対的なバランスで成り立っていることがわかります。その三方向とは、左右、上下、前後の三方向になります。

まず、左右の相対的な方向性ですが、人の体は右と左でほぼ対称になっています。この左右の方向性をエネルギー的に表現すると、右方向は男性性のエネルギー、左方向は女性性のエネルギーで表現されます。

男性性エネルギーとは、父方の家系からの情報や父親との関係、男性であることに対する感情、もしくは女性の立場であるなら夫との関係を意味します。

そして、女性性エネルギーは母方家系や母親との関係、女性であることに対する感情、妻との関係などを意味します。

右肩や肘、ひざなど、身体の右半身に痛みなどの症状が出ている方の場合、男性性エネルギーバランスの崩れが原因になっていると考えられます。左半身に症状が出やすい方の場合は、女性性エネルギーのバランスが崩れていると考えられます。

エネルギーバランスの崩れとは、つまりネガティブな情報を持っているということです。右側でいえば、父方家系から受け継いだネガティブな遺伝情報だったり、父親に対して持っているマイナス感情であったり、男性として生まれたことに対する悲観的な思いであったり、自分の夫との間に抱えている問題であったりするのです。

当社に見えられるお客様の波動測定を行ってみても、その傾向は如実に表れています。人の身体のバランスを見る中で、左右のバランスが一番わかりやすい、相対的バランスだと思います。

次に上下の相対的な方向性ですが、この方向性は上の方が精神性エネルギー、下の方が肉体性エネルギーを表現しています。

人は他の動物と違って、直立二足歩行をします。そのために、上下の方向性をはっきりと見ることができます。ヨガの修行をしていると、チャクラという身体全体のエネルギーが流れる、エネルギーセンターが見えてくるそうです。そのチャクラは、全部で7か所あるといわれています。チャクラに詳しい方はご存じだと思いますが、第一チャクラのエネルギーは、一番肉体的なエネルギーの流れるところで、性器の位置にあります。そして、上にいくに連れて少しずつ精神性エネルギーが加わり、第四チャクラは胸の中央で愛のエネルギーが流れる場所、一番上で頭頂にあるのが第七チャクラ、宇宙や神とつながるためのエネルギーが流れる場所です。

チャクラのエネルギーで見ても、身体の部位が司る働きで見ても、上下の相対的なエネルギーが肉体と精神のエネルギーバランスであることがわかります。

第一チャクラのエネルギーが滞っている場合、肉体的、現実的エネルギーを司るチャクラなので、身体が弱い、スポーツが苦手、ビジネスのような現実的な仕事を上手にこなせないなど、問題が生じてきます。

反対に、第六チャクラ、第七チャクラのエネルギーが滞っている場合は、直感や芸術、哲学、宇宙とつながるエネルギーを司るチャクラなので、何かを創作したり、道徳や哲学的な思考をしたり、そして自然や宇宙と調和した生活を送ったりするのが苦手になります。この上下のエネルギーバランスは、人間が直立二足歩行を行うようになったことで、はっきりと際立ってきたといえます。ですから、人間は他の動物たちと比べて思考能力や知性が発達しているのだと思います。

余談ですが、人間が直立二足歩行になったことで、どうして知性が発達したのでしょうか？直立二足歩行になると、頭が一番上になります。すると、重力の関係で脳に送り届けられる血液の量が、横になっている時よりも少なくなってしまいます。そして、血液によって届けられている、酸素や糖分などの栄養素も少なくなってしまうのです。

生物は、その生命が危険に晒されてくると、何とか生き延びるために使ってなかった能力を発揮して、危機的な状況を脱出しようとします。ですから、人間は直立二足歩行するようになったことで、今まで眠っていた脳の能力が発揮されるようになったのだと考えられます。最後に前後の相対的な方向性になります。この方向性のエネルギーについては説明されている資料がないのですが、経験から自分なりに解釈していくと、時間軸における過去と未来のエネルギーバランスではないかと思います。

３次元における時間の流れは、直線的な流れになっています。そのために、私たちは時間を過去、現在、未来と三種類の呼び名に分けてとらえています。３次元にいる私たちは、現在と呼んでいる時間の中でしか生きることができません。幼い頃の過去の時間はすでに過ぎ去った時間なので、その頃に戻ることはできません。そして、未来の時間はまだ来ていない時間ですから、その時間を今、体験することもできないのです。

時間の流れにおいても相対的な流れになっていますが、私たちはこの3次元における時間としては、現在という時間しか体験できないのです。過去や未来の時間は、情報として意識の中に持っているだけなのです。

ですから、過去に行ってきたことを悔やんだり、ずっと後悔しているならば、その情報は身体の後ろの方向性においてバランスを崩してしまうことになると考えられます。背中や腰など身体の後ろ側に症状が出やすい人は、過去のことを無意識のうちに悔んでいるのではないでしょうか?

逆に、未来のことに不安を感じ、いつも心配していると、身体の前の方向性におけるエネルギーのバランスが崩れると考えられます。

このように、人の身体は3次元に存在していますので、その3次元の相対的な方向性におけるバランス、左右、上下、前後の3方向におけるバランスで成り立っているといえるのです。3次元ですから、相対的な方向性は3方向なのです。

肩コリや便秘、冷え性などの症状を持っている人は多いと思います。それらの症状は、主に内臓の働きが低下していることからきている場合が多いのですが、身体全体のバランスを見てみると、左右や前後のバランスが崩れて歪んでいるのがはっきりわかるようです。

整体院やカイロプラクティックなど、背骨や身体全体の歪みを矯正してくれる施術を受けると、歪みが解消され、その場で症状が軽くなるようです。身体のバランスを整えることで、それまで抱えていた症状は軽くなりますが、持続性がなく、しばらくするとまた元の状態に戻ってしまう人が多いと、知り合いの整体師さんからはお聞きします。

身体のバランスを整えることで、そこから生じている症状は一時的に軽くなりますが、身体の歪みを生じさせている根本原因は残ったままなので、しばらくするとまた元の状態に戻ってしまうのです。

それでは、身体の歪みを生じさせている根本原因

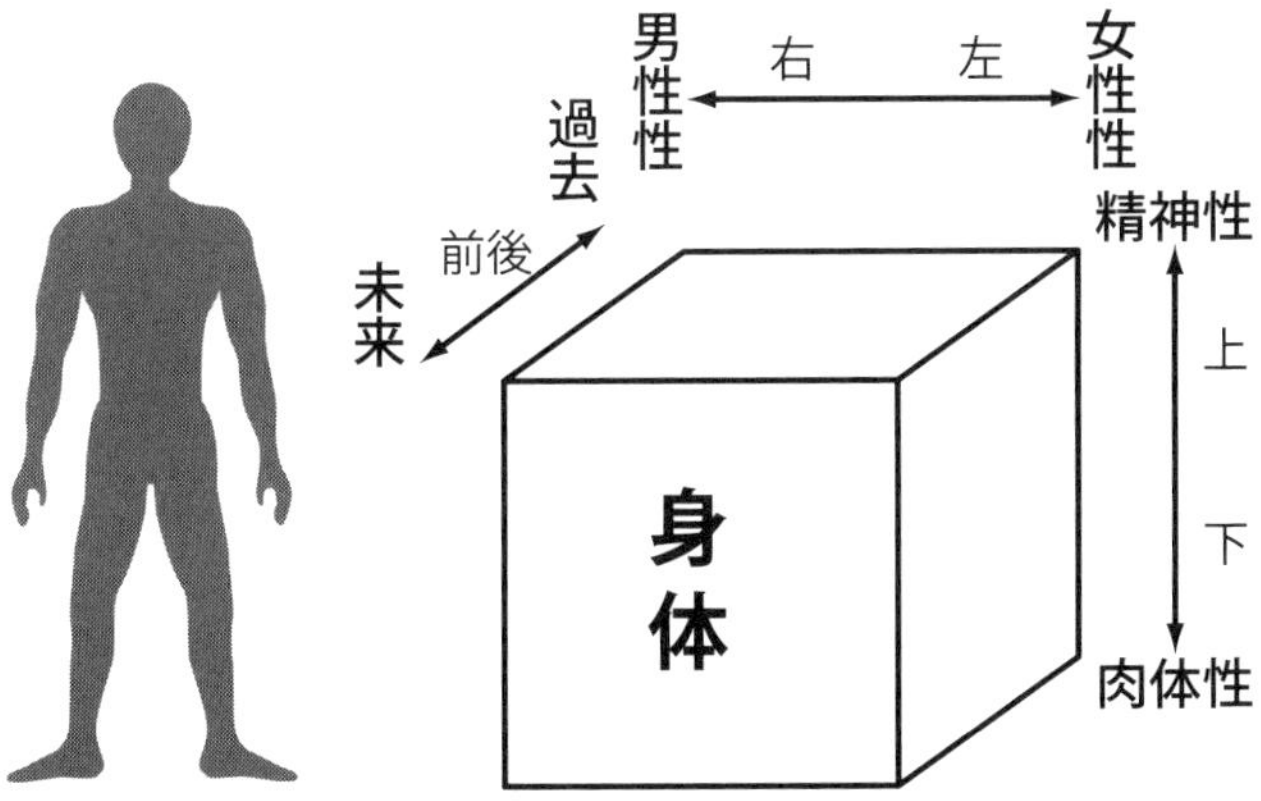

人の身体も陰陽バランスで成り立っている
（相対性）

はどこにあるのでしょうか？

何度も言っているように、身体は意識によって存在が保たれています。だから意識のエネルギーバランスが乱れると、身体のバランスも崩れるのです。本当に根本的な改善を目指すには、意識のエネルギーバランスを整えることが大切なのです。

人の意識における相対的なバランスとは

それでは、意識の相対的なエネルギーバランスとは、どのような方向性におけるバランスなのでしょうか？

１８７ページの図をご覧いただければおわかりのように、意識のエネルギーバランスとは、正六面体の角と反対側の角をつないだ方向性になります。正六面体には角が８か所ありますので、それぞれを反対側の角と直線で繋ぐと、合計４本の直線を描けます。それらの方向性が、４次元の意識におけるエネルギーの相対的な方向性になります。

私の知り合いで、能力開発のオリジナルツールを作った人や、オリジナルのエネルギー療法を考案した人などにお話を聞くと、みなさん同様におっしゃるのは、開発のヒントになった情報が、突然頭の中に入ってきたということです。その情報が頭の中に入ってきた方向が面白くて、右斜め上45度の方向から入ってきたと表現されます。

前ではなく、上でもなく、右でもない、この三方向どれにも当たらない、右前上の方向なのです。この方向は、４次元の相対的方向性を表しており、直感や閃き、天啓など高次元からの情報を受け取る時には、本人の感覚としてそのような方向から受け取った感覚が残るようです。

私自身も「ホロンクリスタル」の情報を受け取った際には、そのような感覚を覚えた体験がありました。自分で体験しているだけに、４次元の相対的方向性を図に書いてみると、まさにその通りだと実感できるのです。この４次元の世界を表現しているのが、魔方陣の中ではシンメトリーの法則になります。

３次元においては三つの方向性でしたが、４次元においては四つの方向性になります。この４次元における方向性のバランスがきれいに整っている時には、四本の直線は１か所できれいに交差します。その交差している場所がセンターになります。

このセンターは、３次元の正六面体、４次元の正四面体、５次元の正八面体、すべての中心になります。

各次元の相対的な方向において、エネルギーのバランスが整うと、センター（中心）がはっきりしてきます。その状態を「センタリングした状態」と言います。

センタリングした状態とは、自分自身の中心がしっかりと安定している状態です。たとえば、コマが回転しながらまっすぐ立っている状態のようなものです。そのような状態のコマは、軸を指で押して倒そうとしても、すぐに元の状態に戻って倒れることがありません。人もエネルギーバランスが整って、センタリングした状態になれば、身体も心も簡単には倒れなくなるのです。

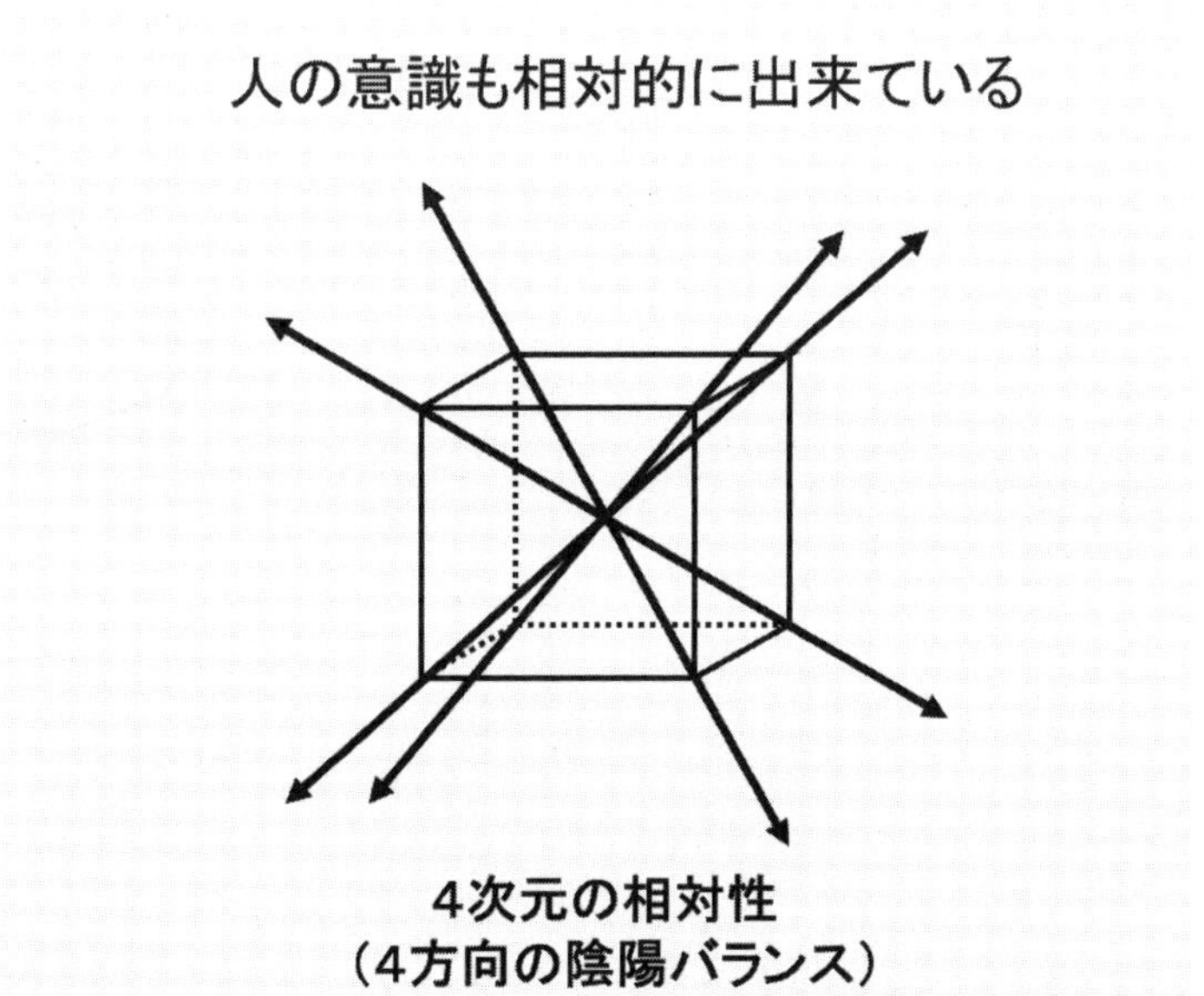
人の意識も相対的に出来ている
4次元の相対性
（4方向の陰陽バランス）

センタリングが起きるとどうなるか？

エネルギーのバランスが整いセンタリングが起きると、人はどんな状態になるでしょうか？まず、身体の中心がはっきりしてきますので、立っている時や歩いている時に安定した状態でいられます。4次元、5次元意識の中心でもありますので、安定した意識状態になります。意識が安定した状態になると、あまりネガティブな感情が湧かなくなります。そして、自信がつきます。自分一人で安定していられるので、他の誰かを頼ったり、依存したり、拠り所を求めなくてもよい状態になります。依存心がなくなると、人から騙されたりすることがなくなり、物事の判断を誤らなくなります。邪《よこしま》な考えを持っているような人が近づいてくると、エネルギーがまったく違うので、すぐにわかるようになります。

そして、自分自身のエネルギーバランスが取れている状態なので、自然や宇宙と調和した生き方ができるようになります。私たちが意識のエネルギーバランスを整え、センタリングするということは、このような精神状態になっていくことを意味しているのです。

意識と身体のつながり方

私たちは、意識が主体であり、その意識のエネルギーによって身体が一定の状態を保っていることをお伝えしてきましたが、意識と身体の繋がりをもう少し細かく見てみましょう。

古神道の教えでは、人の意識は一霊四魂から成ると教えられています。

一霊四魂とは、直霊と呼ばれる神様からの分け御霊が一霊、そこから四つの魂が生じているのです。四つの魂とは、荒魂、和魂、幸魂、奇魂になります。

そして、その意識から心が生じます。心が感情を作ります。感情が様々な物を共鳴現象で引き寄せて、それらが身体に影響をおよぼします。

もし、意識の中にネガティブな情報を持っており、その情報によって意識に歪みが生じていたら、その意識から生じる心にもクセが生じてしまいます。心のクセとは、マイナスの性格ということもできます。

心のクセからは、ネガティブな感情が作り出されてしまい、そのネガティブな感情がウイルスや毒素、霊障などを引き寄せてしまいます。そして、それらが身体に影響していろいろな症状が起きるのです。

何らかの症状や問題を抱えている場合、それを解消するには、その問題に直接影響している毒素やウイルスなどの原因を探し出します。そしてその原因を引き寄せているネガティブな感情を特定します。さらに、そのネガティブな感情を作っている心のクセを見つけ出して、その心のクセを生じさせている意識の歪みを探し出す必要があるのです。

波動測定器MRAのコード表には、身体部位・毒素・ウイルス・感情波動などのコードが載っています。これらのコードを使って、波動のチェックを行い、波動水を作ることで自分の中にため込んでいた、マイナスの感情波動を中和することができます。

従来の波動測定で作る波動水は、このマイナス感情波動を解消するところまでがメインでした。その奥の根本原因である、心のクセ（マイナスの性格）や意識の歪みを解消するというところまでは、なかなか手が届かなかったのです。そのような項目は、コード表には載っていなかったからです。

今回、波動コードに入っていた数霊の法則が発見されて、魔方陣の中のシンメトリーの法則が見つかり、人の意識との相関関係がわかったことで、心のクセや意識の歪みにアプローチできる波動水を作ることが可能になりました。その波動水を「数霊セラピーウォーター」と呼んでいるのです。だから、従来の波動水と「数霊セラピーウォーター」とは、転写してある波動情報の働きかける領域が大きく違うものであるのです。

つまり、「数霊セラピーウォーター」とは、飲む人の潜在意識が良い方向に変化していくために作られた水なのです。

それでは、意識に歪みを生じさせているネガティブな情報とは何でしょうか？

実は、意識に歪みを生じさせているネガティブな情報とは、マイナスカルマのことなのです。

カルマとは自分が生きた証

カルマという言葉を聞いたことがあるでしょうか？

この言葉は、サンスクリット語ですが、日本語に直訳すると、「行い・行動」という意味になります。一般的にはマイナスの意味で使われることが多いようですが、カルマという言葉自体には良い悪いはありません。ただし、その行いの内容において、良い行い、悪い行いに分かれてくるのです。

良い行いがプラスのカルマで、日本語に直すと「徳」になります。「あの人は徳が高い」とか、「人徳のある人だ」などのように使われます。

反対に悪い行いはマイナスのカルマになります。日本語では「業」になります。「あの人は業が深い」などと使われたりします。

つまり、私たちが日常生活の中で行っている行為の一つ一つがカルマであり、行為の内容によってそれらがプラスのカルマや、マイナスのカルマとして私たちの意識の中に記憶されていくのです。そして、マイナスのカルマがたくさん意識の中に記憶されていくと意識の歪みが生じてきて、そこから生まれる心にもクセが生じてしまうのです。

それでは、私たちの行為がプラスとマイナスに分かれる基準は、いったいどこにあるのでしょうか？

それは、その行為が宇宙の法則に調和しているかどうか、または世の中の人に喜んでもらえるかどうかで分かれるようです。

つまり、プラスのカルマ（徳）は、宇宙の法則に調和している行いであり、世の中の人に喜ばれる行いになります。

マイナスのカルマ（業）は、宇宙の法則に調和していない行いであり、世の中の人が迷惑する行いのことです。

それらの行為を繰り返しながら、私たちは身体を通してその場面を経験していきます。そして、その場面を経験することで様々な感情を味わいます。人に喜ばれる行いをした時には、周りの人が喜んでくれて、自分も嬉しくなります。その嬉しいという喜びの感情が、そのまま潜在意識の中にプラスのカルマの情報として記憶されるのです。

反対に、人が迷惑する行いをとった時には、まわりの人から叱られたり、注意されたりして、恐怖や怒り、悲しみなどの感情を味わいます。その感情が、マイナスカルマの情報として、潜在意識に記憶されていくのです。

このように味わった感情が、潜在意識の中にカルマという情報として記憶されていきます。その情報がどんどん増えることで、私たちの意識や魂はそれに伴い成長していくようになっているのです。さらに、地球上にいる人々のカルマが集積して人類全体の文化や文明が発展していく仕組みになっています。

もともと私たちは、宇宙の法則によって生かされている存在であることは、この本を最初から読まれた方であれば当然のこととして理解されていると思います。その私たちが、潜在意識の中に宇宙と調和していない情報を持っていると、その影響が身体に不調和な状態を作り出してしまいます。つまり、身体や精神の不調和な状態とは、潜在意識の中に持っている不調和な情報（マイナスカルマ＝業）が根本原因だったのです。不調和な状態にならないようにするためには、自分の行いをできるだけ宇宙の法則に調和した行いにすれば良いのです。

意識の中のカルマの種類

私たちの意識は、カルマの情報によって成長していくと説明しましたが、それではそのカルマの情報にはどのような種類があるのでしょうか？

私たちが意識の中に持っているカルマの種類は、大きく分けて2種類あります。

それは、「家系のカルマ」と「個人のカルマ」です。

まず、家系のカルマについて説明します。私たちの意識はエネルギーであり、その意識の中にカルマの情報が記憶されています。そして、人生を送りながらいろいろな経験を積むことで、意識の中の情報が増えていきます。私たちの身体は意識によってその状態を維持できているので、意識の中に持っているカルマの情報も身体に反映されます。身体のどこに反映されるかというと、それは細胞の中のDNAです。

人は99・9パーセント同じDNAの情報を持っているそうです。ただし、その情報の中で、どの情報のスイッチがONで、どの情報のスイッチがOFFなのかが人によって違います。働いているDNAの情報によって、体つきや顔つき、得意なことや持っている能力が違ってきます。そのDNAスイッチのON、OFFが、潜在意識のカルマによって行われるということです。

私たちがこの世に生れる時、初めに父親と母親のDNAを受け取った受精卵となり、細胞分裂を繰り返して人の身体になります。DNAには、父方、母方両方の家系のカルマが反映されていますので、私たちはその両方の情報を必ず受け取って、この世に生れてきているのです。身体を持って、この3次元の世界に存在しているということは、必ず家系のカルマを受け取っていることであり、それが前提条件になっているのです。

もう一つは個人のカルマです。輪廻転生を繰り返すことを前提として考えた時、前世や過去世と呼ばれている、今の自分に生れ変わってくる前の人生で自分が作ってきたカルマです。

もちろん、今の人生の中で作ってきたカルマも含めて、個人のカルマが意識の中に情報として記憶されています。自分では忘れている過去の記憶も、潜在意識の中にはしっかりと情報として記憶されているのです。

このようなカルマの情報をすべて併せ持って今の自分の意識が構成されていることを考えた時に、自分の性格や個性を客観的に見てみると、様々な側面があることにも頷けます。心のクセやマイナスの性格など、理由はわからないけれども、生まれた時から持っている性格がなぜあるのか、その理由を家系や過去世で考えてみると、はっきりとわかってくるのです。

マイナスカルマが解消されるとどうなるか

このような潜在意識の中に抱えているマイナスのカルマが解消されて、潜在意識が変わってくると、それによってどのような変化が生じるのでしょうか？

当然、意識の状態は身体に反映されますので、身体の健康状態が変わってくるでしょう。そして、会社や家庭における人間関係にも変化が出てきます。結婚している人は、夫婦関係が良くなったりすることもあるでしょう。

本来持っている能力を発揮しやすくなりますので、学力が向上することも考えられます。また、スポーツの成績が向上することもあるでしょう。そして、エネルギーのバランスが整うことで、運気が向上しますので、金運が上がったり恋愛運が向上することも考えられます。そして、人生そのものが良い方向に変化してくるでしょう。

私も今の仕事を始めてから、しばらくは経営的に苦しくて、いろいろ苦労しながらサロンの運営を行ってきました。その間、自分の波動水を自分で作りながら飲んできましたが、それを続けてきたことでずいぶんたくさんのマイナスカルマを解消できたようです。

身体的には、腰痛の持病があったのですが、今ではまったく不安がないくらい健康な状態になれました。そして、冒頭でお話したように、人前で話をするのが苦手だった性格が変わり、今では自分でセミナーを主催してお話をするようになりました。

開設当初は、サロンの運営で悩んでいたこともありましたが、今では経営に関する不安や悩みはまったくなくなり、仕事そのものを楽しんで行えるようになったのです。目に見える現実世界での変化は誰の目にもわかりますが、目に見えない意識の中での変化は、自分で経験してみて初めてわかるものなのです。

マイナスカルマを解消するには？

それでは、そのような潜在意識の中に抱えているマイナスカルマを解消するには、どうすれば良いのでしょうか？

潜在意識を変えることの重要性を説いている本は、世の中にたくさんありますが、どうすれば潜在意識を変えることができるのか、その方法を具体的に説明しているものはほとんどありません。

その方法を手に入れることは、宝くじで一等賞が当たることよりも、もっとすごいことだと私は思います。なぜなら、お金は使ってしまえばなくなります。でも、潜在意識を変えることができれば、その変わった潜在意識の状態は永遠になくならないのです。潜在意識を変えて、お金を手に入れやすい意識の状態になれれば、必要なお金はいつでも手に入れることができるようになるのです。

本書で紹介している「数霊セラピーウォーター」は、その水を飲んだ人の潜在意識に働きかける波動水です。ですから、「数霊セラピーウォーター」を飲むことで、潜在意識の中のマイナスカルマが解消されて、バランスのとれた状態になりやすくなれます。でも、「数霊セラピーウォーター」を飲んでさえいれば、潜在意識が変わるわけではないのです。「数霊セラピーウォーター」は、あくまでサポートをする水なのです。

潜在意識が変わっていくには、あなた自身が実行しなければならないことがあるのです。その条件が加わった時に、潜在意識はものすごいスピードで変化を始めます。そして、マイナスのカルマが、フルスピードで解消され始めるのです。

この本を手に取ってくださったあなたには、その具体的な方法をお伝えしたいと思います。特別なテクニックもお金も必要ない、誰でもが毎日の生活を送っていく中で気軽に実践できる方法です。しっかりと読んで、ぜひ実践してみてください。

宇宙と人は相似象

人は小宇宙であるとよく言われますが、確かに宇宙と人は相似象であるようです。

まず、人体を考えてみましょう。特に大きな問題がなければ健康な状態を保っていることができるような仕組みがあります。これを恒常性（ホメオスタシス）と呼びます。健康な人の体内に悪いウイルスが侵入してきた場合、そのまま何もしなければ、ウイルスはどんどん増殖して数が増えていきます。そのうちに、身体の機能に障害が発生して、病気になってしまいます。そして、最終的には死に至ることもあるでしょう。

そうならないように、私たちには免疫システムというものが備わっており、ウイルスが侵入してきた時に、それを察知してすぐさまウイルスを攻撃し、健康な状態を保つ仕組みがあるのです。

宇宙にも人と同じように、本来のバランスが取れた状態を維持するための、ホメオスタシスと呼べる仕組みがあるのです。仮にあなたが、マイナスカルマを潜在意識の中に、いっぱい抱えた人だったとしましょう。マイナスカルマは、宇宙の法則に調和してない情報ですから、宇宙から見た時にあなたは宇宙と調和していない存在、つまり不調和な存在になります。

自分と不調和な人がいた時には、誰もが不快であると感じるように、宇宙がマイナスカルマをたくさん抱えたあなたを見た時に、やはり不快であると感じるのです。そして、あなたが抱えているマイナスカルマが、早く解消されていくように、様々な形で働きかけてくれるのです。つまり、人体の仕組みのようにホメオスタシスが働くのです。その結果、あなたの生活環境の中で、マイナスカルマを解消するための状況が自然に訪れてくるようになります。

マイナスカルマを解消していく方法は、大きく分けて二つありますが、まずその中の一つである、宇宙からのプレゼントによって、自然に発生したマイナスカルマ解消のチャンスについて説明しましょう。

ピンチはチャンス

宇宙からのプレゼントともいえるマイナスカルマ解消のチャンスとは、どのような状況で訪れてくるのでしょうか？

それは、困難なことやトラブルとして訪れてきます。おそらくほとんどの人は、自らを困難の中に投じるようなことはしたいとは思わないでしょう。できれば楽をしたい、平穏無事でいたいと思うのが人情ですから。

しかしながら、肉体を鍛えるために厳しいトレーニングを行うのと同じように、潜在意識を変えていくにも、厳しい環境の中で様々な経験を積みながら潜在意識を鍛える必要があるのです。そうすることで潜在意識を変えることができるのです。

そこで愛に満ち溢れている宇宙は、私たち一人ひとりがマイナスカルマを解消して立派な人に成長してくれるように、その環境をお膳立てしてくれるのです。

たとえば、人前で話すのが苦手な方の場合、大勢の前で話をしなければならない状況や立場が自然と提供されるでしょう。自分から望んでその役を引き受けるのは難しいですが、流れの中でとても自然にそのような立場になります。その時、そこから逃げ出さないことが重要です。私にはできないからと言って、誰か他の人に代わってもらったりしてはいけないのです。心の中から湧いてくる恐怖と闘いながらも、勇気を持ってそのことに対応すれば、その経験が潜在意識の中にあるマイナスカルマを解消してくれるのです。

会社に勤めている人がいたとしましょう。ある時、人事異動で上司が変わりました。新しい上司はとても怒りっぽくて、毎日あなたは怒られていました。そのような状況が自然に訪れた場合、通常はそんな上司のいる職場には行きたくないでしょう。そして、我慢が限界に達した時には会社を辞めてしまうかもしれません。でもカルマの法則を知っていたならば、その状況の中で我慢して仕事を続けることが、自分のマイナスカルマの解消に繋がることがわかります。とりあえず、その場から逃げ出さないで我慢して仕事を続けます。すると、時間の経過と共に我慢をしているという経験が潜在意識の状態を変えてくれるのです。そして、その状況で解消すべきマイナスカルマが完全に消えた時には、今までの状況が大きく変化してきます。

ある朝、会社に行ってみると、上司の席に違う人が座っていた、というような状況を体験したり、もしくはいつもの上司が昨日までの態度と違って、すごく優しくなっていたりするような大きな変化が起きてくるのです。

このようなカルマの法則を知っていれば、つらい状況や苦しい場面から逃げ出さないで我慢することが、自分の潜在意識を変えるチャンスであるとわかるのですが、あまりにもつらい場合、苦しい場合、逃げ出さずにはいられないと思います。そのために、「数霊セラピーウォーター」があるのです。つらい場面、苦しい場面に遭遇した時に、誰の助けも借りずに自分の力だけで対応するとしたら、そのエネルギーは100パーセント自分で作らなければなりません。ところが、「数霊セラピーウォーター」を飲みながら対応すると、自分で作るエネルギーは5パーセントで済むのです。

100必要だったエネルギーが5で済むというのは、100キロのバーベルを持ち上げなければならないところを、5キロの鉄アレイを持ち上げるだけで済むのと同じです。とても自分にはできそうにないと思えたことが、「数霊セラピーウォーター」を飲むことで、簡単にできるようになるのです。

「数霊セラピーウォーター」は、あくまでサポートですと申し上げましたが、とても強力なスーパーサポーターなのです。そして、そのスーパーサポーターの協力を活かすには、あなた自身がつらい場面、苦しい場面から逃げ出さず、自分の意志を持って行動を起こした時に発揮されるようになっているのです。自分の潜在意識を変えることができるのは、自分だけであることを忘れず、その上で「数霊セラピーウォーター」を活用してください。

プラスでマイナスを解消

宇宙が用意してくれたマイナスカルマ解消のチャンスを受け取るのは、どちらかというと受け身のような解消方法になります。さらに自分から積極的に解消をしていく方法もあります。それは、プラスのカルマをたくさん作っていくことです。

エネルギーはプラスとマイナスで相殺することができます。情報もプラスとマイナスでバランスを取ることができるのです。情報そのものはなくなりませんが、ちょうどバランスの取れている、いわゆるゼロ磁場のような状態にすることができます。

プラスのカルマとは、日本語で「徳」を意味しますので、自分の周りにいる人や世の中のためになるような行動を起こすことがそのままプラスのカルマになるのです。

ただし、いくら良いことだといっても、無理をして自分の力以上のことをしようとすると、エネルギーがなくなってしまいます。周りの人に喜んでもらうと同時に、それを行っている自分も心から楽しんでいなければ意味がありません。シャレではありませんが、自分のできることからコツコツと行うのが長続きするコツなのです。

たとえば、歩いている時に道端に落ちていたゴミを拾うことを実行してみましょう。誰も見ていなくても、ゴミを拾ったという行いを自分の潜在意識は記憶するのです。その経験を通して自分の心から湧いてきた感情が、プラスのカルマとして永遠に記憶されていきます。

「おはようございます」という気持ちの良い挨拶、「ありがとうございます」という感謝の言葉、「ごめんなさい」という素直な謝罪の言葉……これらの言葉は、言われた相手の人が嬉しくなる言葉です。そして、相手の人が嬉しくなれば、それを言った自分も嬉しくなります。

プラスのエネルギーは、このように人を介して増幅するようになっているのです。日々の生活の中における簡単な挨拶ですが、これらを意識しながら相手の人が気持ちが良くなれるように使うことで、プラスのカルマを作ることができるのです。

プラスのカルマとは、日常生活の中で誰もが簡単に行えることから始められます。そして、そのような行動を起こす時に、サポートをしてくれるのが「数霊セラピーウォーター」なのです。

自分の意識をネガティブエネルギーから守ってくれますので、いつも前向きな意識でいられます。そして、自分がプラスのカルマに繋がるような行動を起こそうと思った時に、それを何の問題もなくスムーズに実行することができるようになれるのです。必要なのは、まずあなたが自分の意志で行動を起こそうと思うことなのです。

恐怖と怒りの感情を勇気と優しさで解消

前項では、マイナスカルマを解消するための具体的な方法を説明してきました。その方法とは、「困難なことから逃げ出さない」、そして「周りの人が喜ぶことを積極的に行う」ということでした。

これらの二つの内容は、言うのは簡単ですが、実際に行動するとなるとかなり大変です。自分の苦手なことや嫌いなことを行うには、どうしても「恐怖」の感情が伴います。自然に湧いてくる恐怖心があるために、人は躊躇したり逃げ出したりしてしまうのです。

そして、周りの人が喜ぶことを積極的に行うということも、自分の心が満たされてない状態で他の人に優しくするのはとても難しいことです。今悩みを抱えている自分を先に優しくしてもらいたいと、思わず怒りがこみ上げてくる人も多いでしょう。

この「恐怖」や「怒り」を克服するには、「勇気」と「優しさ」が必要になってきます。自分ひとりで勇気と優しさを持つことができない場合は、誰かの助けが必要です。家族や友人が助けてくれれば良いのですが、いつも助けて貰うわけにはいかないでしょう。そんな時に、「数霊セラピーウォーター」はとても力強いサポーターになってくれるのです。

これらの場面に遭遇した時、心の中から自然に湧いてくる恐怖や怒りの感情が、「数霊セラピーウォーター」を毎日飲んでいるだけで、あまり強く湧いてこなくなるのです。そのように安定した状態で、自分が勇気と優しさを振り絞って行動を起こすことで、潜在意識の中のマイナスカルマが少しずつ解消されていくようになっています。

これは宇宙の法則であり、今までほとんど明かされてこなかった宇宙の秘密なのです。

世の中のほとんどの人が、多かれ少なかれ潜在意識の中に恐怖と怒りのカルマを抱えています。恐怖の感情は自分の生命を守るために必要な感情なのですが、その働きが強すぎると日常生活や仕事などを順調に進めたい中で、妨げになってしまうこともあります。そのような時に、人は恐怖を和らげるために怒りの感情を生み出してしまうのです。

怒りによって恐怖は和らぎますので、妨げがなくなり行動を起こすことができるようになります。ただし、この二つの感情は共にネガティブな感情ですので、その感情を向けられた人にとっては心地よくありません。この恐怖と怒りを逆のポジティブな感情にすると、勇気と優しさになります。つまり、恐怖に対して勇気、怒りに対して優しさという対応関係があるからです。

恐怖と怒りはマイナスエネルギーを増幅しますが、勇気と優しさはプラスエネルギーを増幅するのです。そして、不思議なことに恐怖を感じている人に相対する時は優しさが、怒りを感じている人に相対する時には勇気が必要なのです。

たとえば、何かに恐怖を感じて怯えている人がいる時に、そばに寄って優しく語りかけてあげることで、何に恐怖を感じているのか教えてくれるようになるでしょう。

怒りを感じている人にはあまり近づきたくないですが、それでも勇気を持って近づき怒っている理由を尋ねれば、そのわけを教えてくれるでしょう。どちらも、理由がわかることで、その状態を解消していくための方法を探すことができるようになるのです。

心の中から湧いてくる感情というエネルギーをこのように見てみると、やはり完璧に相対的な仕組みでできていることがわかってきます。

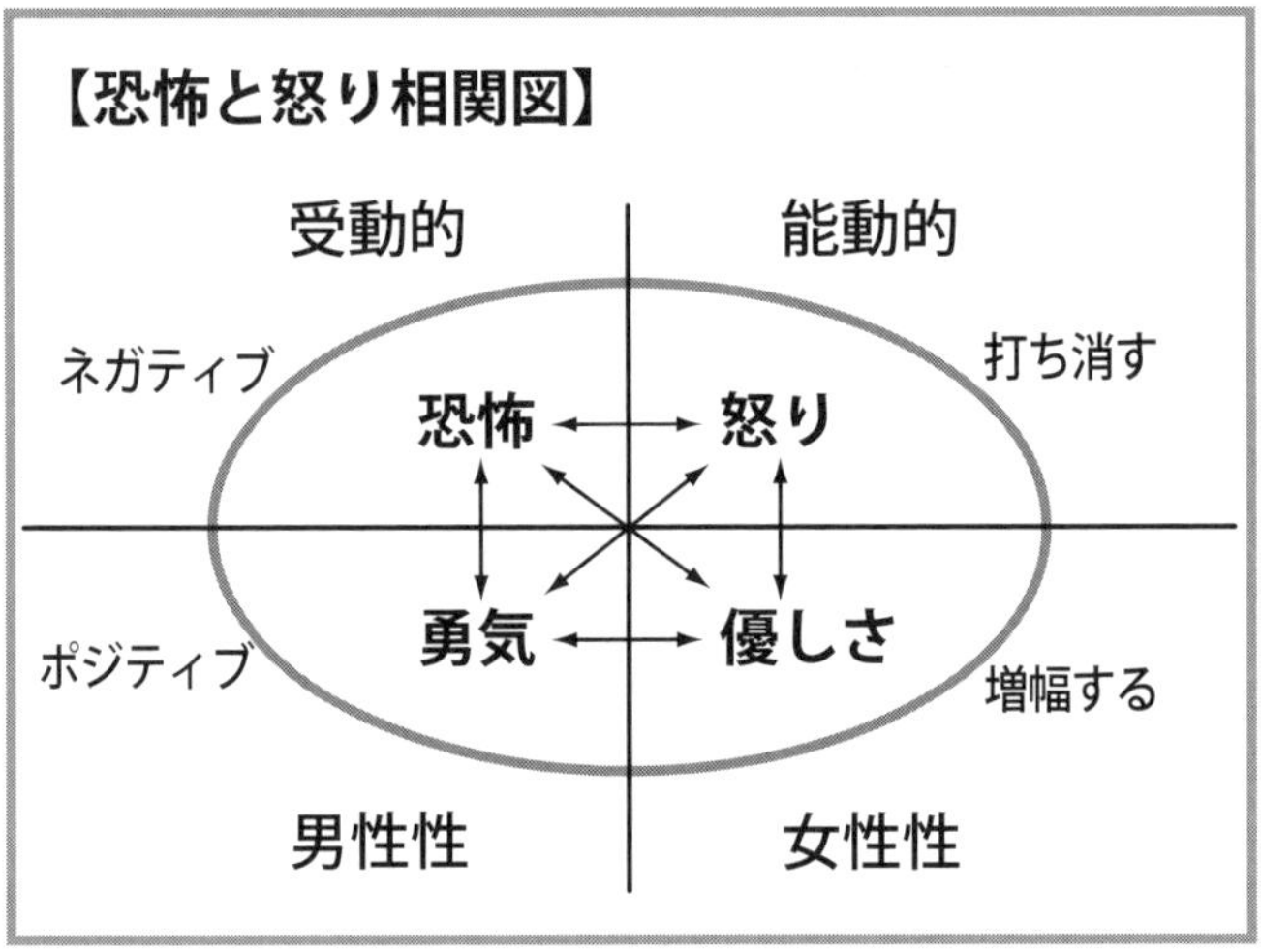

潜在意識が変わってきたことを確認する方法

自分の潜在意識の状態を把握できている人はほとんどいないと思います。ですが、このマイナスカルマを解消する方法を実践していくと、自分の潜在意識が少しずつ変化してきたのを感じることはあります。すると、自分の潜在意識がどのくらい変わったのか知りたくなると思います。そのような段階に入ったならば、次のような行動をとってみてください。

自分が苦手だと感じていることをあえてやってみる、自分が苦手だと思っている人に優しく声をかけてみる、ということです。苦手なことに取り組む時には、恐怖や不安が湧いてくるでしょうし、苦手な人と話をする時には、苛立ちや怒りの感情が湧いてくるかもしれません。

その状況で自然に湧いてきたネガティブな感情をきちんと感じてみるのです。ネガティブな感情があまり湧いてこなくなっていることが確認できたら、おそらくマイナスカルマがかなり解消されて潜在意識のエネルギーバランスが整ってきたのだと思います。

自分の潜在意識が変わり、苦手なことや嫌いな人がいなくなるということは、自分がそれだけ楽に生きられるようになるということです。そして、幸せな人生を送ることができるようになるのです。潜在意識が変わり心の平安を手に入れることは、お金や地位や名誉を手に入れることよりも、もっと価値のあることなのです。

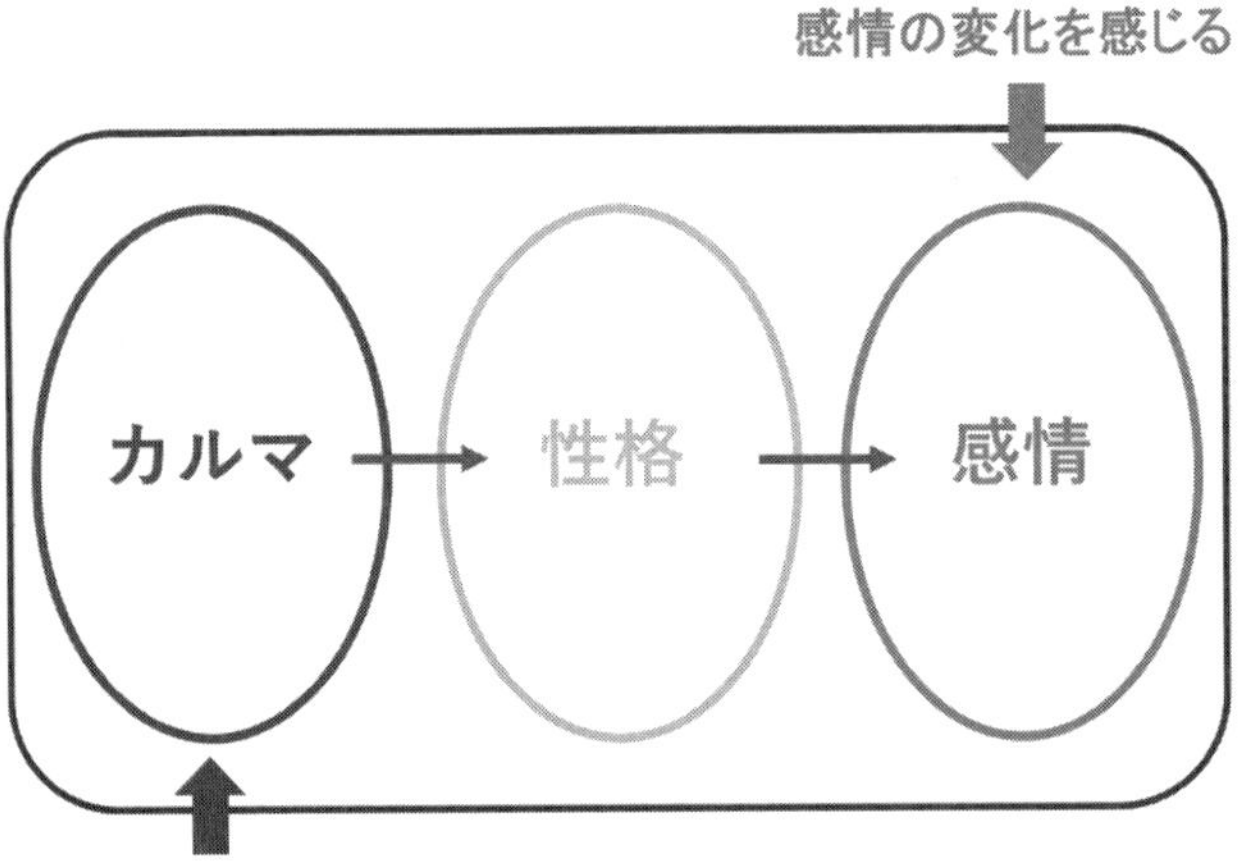

第6章

癒しと波動

誰もがヒーラーになれる時代

数霊システムにはヒーリングボタンが付いているので、遠く離れたところにいる人のヒーリングをすることも可能です。今まで波動に触れてこなかった人、波動装置を初めて手にする人には、遠くにいる人をヒーリングできることを理解できない人もいるかも知れません。

そもそも波動情報とは、３次元空間に存在している物質情報ではありません。４次元以上の私たち意識の世界に存在している情報になります。多くの人はこの世に生まれてから、３次元の空間世界で肉体を持って生活してきましたので、自分自身が生活している世界は３次元空間だと思い込んでいる人がほとんどです。

確かに肉体は物質であり、３次元空間に存在していますが、その身体の中に宿っている意識は４次元の時空にいるのです。４次元の時空は３次元空間の距離や時間を超越しますので、自分が誰か他の人のことを思い浮かべた瞬間に、自分の意識と相手の人の意識は繋がるのです。ですが、３次元空間だけで生きていると思い込んでいる人には、そのことができないようです。

まず、数霊システムで測定モードとメニューを選択して、測定を受ける人の写真を本体装置の上に乗せます。測定をスタートして、測定終了画面になったら写真を乗せたままヒーリングボタンを押します。この時に、ヒーリングする相手をしっかりと思い浮かべながらボタンを押すことで、数霊システムから発信される波動情報が、相手の意識に届きます。一度ヒーリングがスタートすれば、後はその場にいなくても装置が継続してヒーリングをしてくれます。

スピリチュアルな雑誌などで、意識の世界やヒーリングの仕組みなどを説明している記事がありますそのような記事を読むことで、知識として頭では理解できるようになる人もいると思います。ただし、実際に自分の意識を使って誰かに働きかけて、現実の世界に変化を起こすにはかなりのテクニックと練習が必要だと思います。その点、数霊システムのような波動装置を使うと、練習やテクニックがなくても誰でもすぐにヒーリングをすることができるようになります。必要なのは、遠隔でヒーリングできると思うことだけです。実際に使ってみて結果が伴うことで、4次元の時空間である意識の世界を実感できるようになってくると思います。

意識の世界を実感できるようになることは、つまり意識の覚醒が起きること、籠の中の鳥が籠の外の世界へ羽ばたいていくことを意味しています。数霊システムを使うということは、自分の波動水を作って飲むだけではなく、他の人のヒーリングを通してヒーラーとなることも含めているのです。

個の時代から全体の時代へ

心理学で有名なカール・ユング氏が世界で初めて提唱してから、今まで一つに考えていた潜在意識を４次元の個人的無意識と５次元の普遍的無意識に分けて考えるようになりました。今までの波動測定では、４次元である個人的無意識の領域にアプローチして、抱えている問題の原因を探し出す方法をとっていました。しかし、それは２０１９年までのことでした。

２０２０年に入ってからは、５次元の普遍的無意識にアプローチして、情報を拾い出す手法に進化してきたのです。なぜそのような進化を遂げたのか？　それは、様々なところから進化するための情報がサインとして、私の元に届けられたからなのです。

・月のテンポ１１６を広めている片岡航也さんは、ご自身のブログで、２０１９年は「個のテーマの完了の年」とおっしゃっています。（※以下ブログより抜粋）

（２０１９年は、）自分自身の「個」というものに視点をおき、生き方や発する周波数を変えていくための最終期間と言えるもの。また、この地球上でヒトという生命体として存在している私たちが、本来の目的を果たしていくために数多くのことを想いだすよう設けられた大切な期間とも言えるのが2019年です。この2019年の過ごし方が、2020年から始まる大激動期の生きる領域場を決めていくと言っても過言ではありません。

(https://profile.ameba.jp/ameba/kouya358)

・半田広宣さんの2019年に出版された書籍『奥行きの子供たち　私の半身はどこに?ヌーソロジーで読み解く映画の世界』という本の中にこのような記述がありました。

個体意識の発達は、歴史意識の発達と同じ構造を持っている。現代人は、基本的には科学的世界観が常識となっているから、人間が肉体を持つ限り、自我を超えることなんてできないと思うのが普通である。でも、一時期流行したポスト構造主義の考え方からすれば、自我意識を超えたところに、自我意識や歴史意識などを発達させてきた無意識の構造が隠されているかもしれない。

つまり、個人の自我意識も歴史意識も、その発達においては無意識が持つ共通の構造によって促されているのではないかということです。つまり、個人の意識と集合意識は、その奥にある無意識の影響を受けて、相似象のように成長を遂げているという考え方があるようです。

・波動カウンセラーの鈴木清和さん（https://ameblo.jp/dolcekiyochan/）は、メルマガにて興味深い情報を発信されています。（※以下メルマガからの抜粋）

例えばマウスを使ったこんな実験があります。マウスに桜の花の匂いを嗅がせ、次に電気ショックを与えるということを数回繰り返します。すると、マウスは桜の匂いを嗅がせただけで恐怖に凍りつきました。

ここまではよくある「条件付け」と呼ばれる現象です。しかし、この条件付け反応は、少なくとも5世代後の子孫まで継承されたのです。

この世代間の伝搬は、むしろ父方の系統で強かったそうです。また、ホロコーストで生き残ったユダヤ人の子孫たちの追跡調査でも、その出来事について全く聞かされていないケースでも、関連性が強く示唆されるような恐怖症が数多く見られたそうです。

過剰警戒症候群の問題に取り組む過程で、世代間連鎖に行き当る事例を紹介しました。

その記事を読まれて、祖父が戦地に行った、祖母が空襲を経験している、破裂音や爆音に対する恐怖症があるなどに該当するケースのご相談を何件もいただきました。また戦争体験以外でも、ご両親や祖父母、ご先祖様が強いトラウマを持っている場合、それを継承しているケースもありました。平成も終わり、令和という新しい時代を迎えたというのに、昭和時代の忌まわしい戦争の傷跡が継承されているケースがあるということがわかってきました。

この3名の方たちのシンクロした情報から、これからの時代は個人的な潜在意識にアプローチして問題解決を図る時代は終わりつつあり、集合意識にアプローチして、今までよりももっと効果的かつ効率的な波動カウンセリングを行う時代に入ってきたのではないかと強く感じたのです。

そこで、5次元の集合意識にアプローチして、波動情報を拾い出す実験を2019年1月に行いました。前年の12月から、猛威を振るい始めたインフルエンザに対して、効果的な波動水を作りたいとの問い合わせメールをたくさんいただいたこともあり、私はプロ用の波動測定器KTS－PROを使って、前年に完成した5次元集合意識から情報を拾い出す測定手法で、「2019年日本のインフルエンザを予防するための波動コード」としてすべての人に有効なインフルエンザ予防波動コードを拾い出すことを行ってみました。そして拾い出した波動コードを、数霊システムユーザーに向けて無償で情報提供したのです。

私の知り合いにもインフルエンザに感染している人がいましたので、直接お伝えすることもしました。すると、たくさんの人た

ちからすごく効果があったとお礼のメールが届いたのです。その中のお一人のメールをご紹介させて戴きます。

「この度は、インフルエンザ対応コードをお知らせくださり誠にありがとうございました。

実は、2週間ほど前に突然高熱を出しまして1週間寝込んでおりました。検査はしておりませんのでインフルエンザかどうか定かではありませんが、おかげさまで早く快復しましたのでご報告とお礼を申し上げます。

①いただいたコードをそのまま蒸留水に転写し大量に飲みました。

②コードをそのまま家族や知人の写真に4日間遠隔ヒーリングしました。

持病の喘息が出始めて明け方4時頃まで眠れない日が続いておりましたが、波動水を飲むとすぐに呼吸が楽になり、その晩からぐっすり眠れるようになりました。翌朝には熱も下がり、喉の腫れや痛みも消えました。

耳の痛みと、お腹の張りが気になっておりましたが、こちらもすぐに良くなりました。

その後、家族も高熱を出しましたが、波動水を飲んだ翌日には仕事に行き、翌々日には快復いたしました。これまでの風邪と比較して、治りが非常に早いことに驚いております。

今回タイミングよく波動コードの情報を頂戴し、大変感謝しております。ありがとうございました」

余談ですが、このインフルエンザ予防コードを転写して飲んだにもかかわらず、何も変化を感じなかった人がいました。その方に詳しくお話を聞いてみますと、フランスに旅行している時に感染したそうなのです。

そのことをお聞きした後、今回の波動コードは日本のインフルエンザ予防コードであることをお伝えすると、大きく納得をされていました。この報告を聞いたことで、さらに私は必要な波動コードが、集合意識から正確に拾い出せていることを確信できたのです。

水が薬になる時代が近い

このように集合意識から拾い出した情報は、すべての人に共通して効果のある波動情報だということが確認できたのです。この結果を踏まえて、２０２０年もインフルエンザに対応する波動コードを拾い出す予定でした。ところが1月23日の時点で中国武漢から発生した新型コロナウイルスによる猛威がニュースで流れ始め、このままでは近日中に日本まで感染が広がってくるだろうと推測できました。

そこで急遽昨年インフルエンザの予防コードを拾った手法で、今回は新型コロナウイルス予防コードを拾い出すことにしました。そして、そのデータをＭＬや公式ホームページの新着情報にアップして、数霊システムユーザーさんに無償で情報提供したのです。

その後日本においては、緊急事態宣言が出される中、ステイホームやソーシャルディスタンス、不要不急の外出を控えるなど政府からの要請があり、現在は沈静化してきましたが、完全な終息には至っていません。インターネットで検索すると5Ｇとの関連などの情報もありましたので、その電磁波に対応する必要もあります。

早急に5G電磁波対応コードを拾い出して配信したのですが、情報を受け取ったユーザーさんの中で新型コロナウイルスを発症した、もしくは感染したという報告はひとりもありません。政府発表のデータを見ますと感染力や発症率が低い新型コロナウイルスなので、身近に探す方が難しいのかも知れませんが、中には感染したのではないかと思われる症状を感じた人もいましたが、波動水を飲んだ翌日には元気になったとの報告もありました。

本当のところ、真実はどうなのか把握するのは難しいところがあります。他の感染症を含めてウイルスの影響をどの程度受けてしまうのかは、ウイルスとの共鳴度合いによって違ってくると思います。感じて染まると書く感染症ですから、ウイルスのエネルギーと自分のエネルギーがどの程度共鳴するのかで、受ける影響は違ってくるはずです。

つまり、ウイルスが怖い、感染したらどうしようと、心配や不安がたくさん湧いている人ほど共鳴しやすいということになります。自分の中にどれだけウイルスと共鳴するネガティブな感情が蓄積されているかによって、受ける影響が違ってくるのです。

今政府がとっている政策、アルコール消毒やマスク着用などは、不安な思いを煽っている状態ですので、まったくの逆効果だと思います。その政策を鵜呑みにして、素直に行っている人のなんと多いことでしょうか。自分の内側に意識を向けて、ネガティブな情報を解消していくことを行えば、何も問題はなくなるのです。

5次元意識から拾い出した波動コードを転写した波動水は、その水を飲む人の内側に働きかけて、ウイルスと共鳴しないエネルギー状態にしてくれる波動水なのです。この技術がさらに進んでいけば、すべての症状に対応できる波動水を近い将来作ることが可能かもしれません。

つまり水が今の薬に代わる時代がやってくるということなのです。しかしながら、今現在は法律の壁がありますので、そのような波動水を売り出すことはできません。今は「数霊システム」を所有しているユーザーさん自身で転写して、波動水を作ってもらうのがベストな方法なのです。

集合意識の情報を転写した水

28年前に波動測定の仕事を始めた当時は、お客様一人ひとりの測定を行って、その人に必要な波動情報を転写したパーソナルウォーターを作ることが、波動測定の方法でした。一人ひとりの問題にスポットを当てて作った波動水ですから、他の人が飲んでも何も変化は起きません。しかしながら、その後の研究によって人類の集合意識にアプローチする測定手法が確立されてきたことで、先ほど説明をしたように誰が飲んでも効果を実感できる波動水を、作ることが可能になったのです。

28年の間に大勢の人の測定を行ってきました。そして、多くのお客様に共通する悩みがあることがわかってきました。その共通項目を絞り込んで、誰にでも効果を実感できるように波動転写した水を作れば、装置を購入できない人や、個別の測定を申し込むことのできない人たちにも、波動水を楽しんでいただけるのではないかと考えたのです。

現在最新の測定手法で、集合意識から情報を拾い出して波動転写した「数霊セラピーウォーター」として販売しているのは、次の10種類です。

①金運……………………金運・仕事運を上昇させたい方に
②ブレイン………………脳のあらゆる働きを活性化させる
③シェイプアップ………理想的な体型を目指している方に
④ベーストリートメント……身体・心・魂のバランスを整えて全体を調和に導く
⑤プロテクション………生活環境に溢れているネガティブエネルギーから身を守る
⑥女性フェロモン………女性としての輝きをアップさせたい方
⑦男性フェロモン………男性としての輝きをアップさせたい方
⑧ヘアー…………………髪の質を保ち外的要因から保護
⑨KAFUN………………1年を通して花粉の影響からガード
⑩全チャクラ活性化……すべてのチャクラを活性化して、全体のバランスを整える

これら10種類の数霊セラピーウォーターになります。今後も新しい種類を開発する予定ですが、波動水を試して効果を確認してみたい方は、まず数霊セラピーウォーターからお試しいただければと思います。ちなみに一番人気は「金運」ウォーターになります。

集合意識にアプローチする手法が確立されたことで、今後新たな展開がいろいろ考えられま

す。時代が変化していく中で、世の中の仕組みや法律が変わってくれば、今はアプローチできない分野に将来的には取り組んでいくことも、可能になるのではないかと思います。そのような時代になることを、心待ちにしています。

金運ウォーター

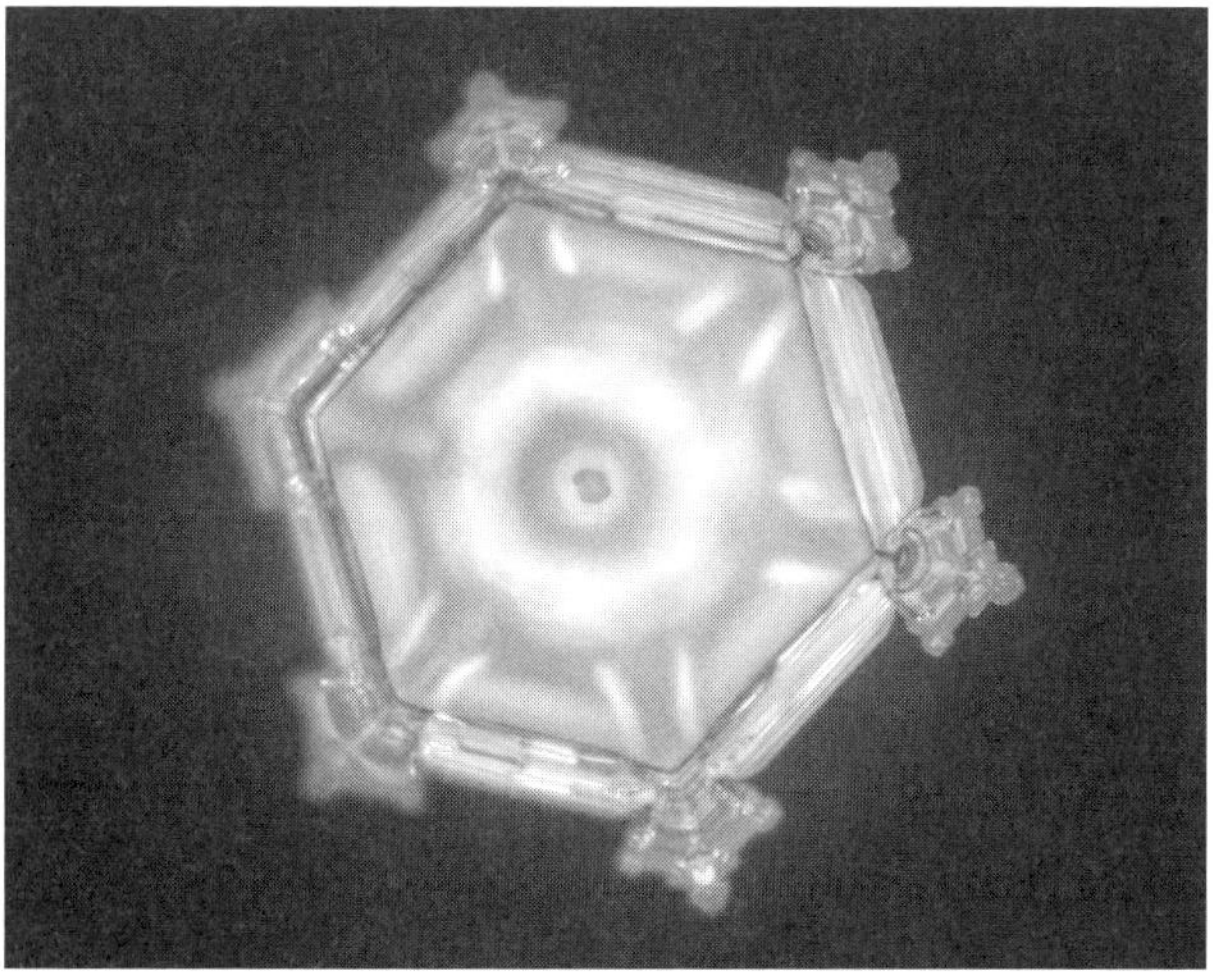
金運ウォーターの結晶写真

第7章

風の時代は
波動の時代

魂の自由を求めて

サロンを開設して7年目に、東京の練馬に引っ越しをしました。それまでは埼玉県の所沢にありましたが、関東近郊から来る人の場合、都内まで来てまたそこから1時間くらいかかることになり、かなり遠く感じるので、もう少し都心に近いところが希望だったのです。

この練馬で場所を探す時に非常に不思議なことがありました。実は、今借りている場所よりもっと日当たりが良くて家賃の手頃な物件があったのです。すぐに借りようと思ったのですが「大家さんが今いないからしばらく待ってください」ということで、とりあえず手付金だけ払って二週間待たされました。

二週間後に不動産屋に行ったら、物件を貸してもらうことができず、なぜ貸してもらえないのかと聞いても、その理由を教えてもらえなくて非常に失礼な対応をされました。かなり怒りが湧いてきたのですが、怒っていてもしかたないので、他を探そうということで残りの物件を見て回りました。

現在、借りている場所は、窓が東向きでちょっと日当たりは良くなく、少し暗いかなと思ったのですが、他に良い物件がないので仕方なく借りました。借りた後ふと気がついたら、ここの住所は練馬1丁目6―6―606という、6がたくさんついている住所なのです。6という数は「愛の数字」です。波動カウンセリングはやはり癒しの仕事ですから、6がいっぱい付いている場所が必要で、私の意志とは関係なくここに連れてこられたという気がしています。

また、ここのオーナーさんの名前が面白くて、入口さんという方なのです。建物の名前が「カーサポルタ」で、「ポルタ」というのはイタリア語なのですが、入口とか扉という意味なのだそうです。それを知った時に私は、このサロンが世の中の人にとって、愛を受け取るための入口になりますように、と願いを込めて場所を借りました。

このような経緯があって今もこの場所をサロンとして使っていますが、とても気に入っています。来訪されたクライアントさんたちからも「この場所は何だか気持ちが良い」と好評です。気持ちが良い＝気が良い＝波動が良い、ということですので、やはりこの場所で良かったのです。この物件も神様から導かれたのだと実感しています。

宇佐神宮とヤハウェー星から送られてきた情報

もともと普通のサラリーマンをしていた私は、目に見えない世界からの情報を感じたり、見えたり聞こえたりなど、情報を受け取る能力はほとんどありませんでした。どちらかというと左脳優位で、物事を理屈で理解して行動するタイプの人間でした。ところが波動測定の仕事を始めると、目に見えない波動の世界の情報を測定しますので、どうしてもそのような見えない世界の情報を受け取る能力が必要になってきます。そして、その仕事を30年も続けていると、右脳が開発されて左右脳のバランスが取れてきたのでしょうか？　その時に必要な情報をすぐ受け取れるようになってきたのです。そんな状態になれた要因は他にもありました。以前あるチャネラーさんにお会いしたことがありました。その時たくさんの質問をしたのですが、『波動測定の能力を高めるために行うと良いことはありますか？』と質問しました。

するとそのチャネラーさんは『過去世で縁のあった土地に行くと良いですよ。その時人生の中で経験したことや、学んだ知識を思い出しやすくなりますから』と教えてくれたのです。

そこで、『私が過去世で縁のあった土地はどこですか？』と聞いたところ、『とにかく最初に宇佐神宮へ行きなさい』と教えてくれました。すぐに行く時間を作れなかったのですが、半年後くらいに宇佐神宮へ行くことにしました。行く前の自分自身を清めておいた方が良いだろうと思って、３日間の断食をしてから一人で具体的な計画もなく、とりあえず宇佐神宮へ行ったのです。

宇佐神宮は九州大分県の宇佐市にある神社で、全国の八幡神社の総本宮になる神社だそうです。私が過去世でどのような人生を送っていた場所なのか、という詳しい質問はしなかったのですが、ただ自分の過去世と関係があるのと、私の実家が愛媛県の松山市ですが元々の先祖は九州地方に住んでいたことを耳にしています。ですから、九州地方に住んでいた先祖がおそらく宇佐神宮に関わっていたのではないかと思ったのです。

別の霊能関係の方からもらった情報でも、私の先祖が宇佐神宮を守る仕事をしていた人らしいとのことで、そのような情報から私も過去世のどこかで関わっていたのだと思います。

これらの情報を得たことで、半年後に仕事の合間を縫って宇佐神宮へ行くことにしました。飛行機で大分空港まで行って、そこからバスで行く予定でした。空港に降り立ち「宇佐神宮の方向に行くバスは何番乗り場ですか」と聞くと「一番乗り場です」と案内の人が教えてくれました。ちょうどバスが来ていたので一番乗り場からバスに乗りました。しばらくしてから、逆方向に進んでいるような気がしたので、途中で運転手さんに聞いてみると「最初に乗る時に湯布院の方かどうか確認してから乗ってくださいって言ったじゃないですか」と言われました。確認したにもかかわらず、何と、違う方向に行くバスだったのでした！

しょうがないので別府港でバスを降り、そこから大分駅へ行き、電車で宇佐市まで行ってタクシーに乗って宇佐神宮まで行きました。後から知り合いの方に教えてもらいましたが、大事なところに行く時には、そのまままっすぐ行かないほうが良いとのことです。だからわざわざ、ぐるっと遠回りさせられて入るような流れになったのでしょう。目に見えない世界からの働きかけがここでもあったのです。結果的に遠回りして宇佐神宮に着いたのですが、時間は一時過ぎくらいで、ちょうど良い時間でした。

それから境内に向かって歩きながら、何があるんだろうと思って様子を見ていましたら、最初の鳥居の手前に参道があって、土産物がいっぱい並んでいました。食事ができるお店のところの看板を見ていたら「歓迎ドルフィン様御一行」と書かれていたのです。

当社の社名は「有限会社Ｉ・Ｈ・Ｍ・ドルフィン」ですから、社内旅行でお出迎えを受けているような感じです。もちろんその看板は別の団体客の予約なのですが、なんだか温かく迎えられているような感じで、目に見えない世界から訪問の予約を入れておいてくれたように感じました。

このような形で迎えられて境内の中に入り、いろいろなところを見て回りましたが、ちょうど本殿が工事中だったので奥には行けなかったので、本殿の前で参拝を済ませました。

それから、社務所に入っていくと、中に銅像が立っていたので、この銅像の人は誰だろうと思いながら写真を撮って出ていきました。

そして一通り見て回って、下の方の境内の敷地内にあった池の畔でしばらく佇んでいました。降り注ぐ太陽の光を浴びながらのんびりしていたのです。なんとなく空で輝いている太陽を写してみたくなり、持っていたカメラでその太陽を写しました。当時はデジタルカメラではなく、フィルムのカメラですから、その場で写真を見られないのでわからなかったのですが、戻ってから現像して見るときれいに太陽が写っていました。そしてよく観察してみると太陽のすぐ脇のところになにか星のようなものが写っていたのです。それが〝ヤハウェー星〟だとわかるのはその後しばらくしてからのことです。

地球と同じ公転軌道、公転周期の星であるため地球からはいつも太陽の後ろに隠れて見えない星だったのです。その星は、地球と兄弟の星であり、地球よりも平和な星だそうです。地球の行く末を心配してくれているその星の人たちは、地球に必要な情報を常に送信してくれているそうなのです。その送信された情報を、ヤハウェーの星と強く共鳴している私が受け取ることができたので、それらの情報を基に数霊システムを作ることができたようです。過去世で宇

佐神宮に縁のあった私だから、ヤハウェーの星と強く共鳴できたようです。

一通り見て回ったのでもうそろそろ帰ろうかと思ったのですが、ふと横を見ると、境内の中なのに道がずっと外に向かって伸びていました。「その方向に行ったら何があるのだろう」と好奇心が湧き、まだ時間があったので歩いていったら、境内の外に出ました。小川が流れていて、その小川の先にもう一つ鳥居がありました。

その鳥居の下のところで、地元のおじいちゃん、おばあちゃんたちが草を刈っていました。近くにいたおじいちゃんに、「ここはなにがあるのですか?」と聞いたら「和気清麻呂《わけのきよまろ》」と言いました。

和気清麻呂と道鏡事件

宇佐神宮は、天皇家のご先祖様を祀ってある神社で、天皇家と深いご縁のある神社なのです。その宇佐神宮にまつわる歴史上の大きな事件が奈良時代にありました。それは道鏡事件として歴史の教科書にも史実が残されています。

奈良時代・女帝であった孝謙天皇の時に弓削道鏡《ゆげのどうきょう》という僧が法王となって絶大な権力を振るっていました。やがて道鏡は、天皇の位も奪おうと考え、九州太宰府の主神《かんずかさ》・習宜阿曽麻呂《すげのあそまろ》が朝廷に「道鏡を天皇の位につければ天下は太平となる」というお告げ（神託）をもたらしたそうです。

天皇は、そのご神託に驚き、和気清麻呂公を呼び、九州の宇佐神宮へ行って確かめてくるよう命じたそうです。清麻呂公は宇佐神宮を急ぎ訪れ、ご神前に出て天皇家のご先祖様に「真意をお教えください」と祈りました。すると、天皇家のご先祖様たちが現れ、「天皇の後継者には必ず皇族のものを立てるべき。道鏡のような無道の者は早く追放してしまいなさい」とご神託を受け取ったのです。これは政治の私物化に対する大抗議でもありました。当時の大部分の人は道鏡への譲位に疑問を持っていたにもかかわらず、左大臣以下だれも声に上げて反対しなかった。これに対し命をかけて抗議したのが清麻呂公ただ一人だったのです。

清麻呂公は都へ戻り、天皇家ご先祖様のご神託を天皇に報告しました。野望をくじかれた道鏡は激しく怒り、清麻呂公の足の腱を切った上、大隅国（現鹿児島県）への流罪を言い渡したそうです。さらには、大隅国へ向かう清麻呂公を襲わせるために刺客を放ちました。

足の腱を切られ、立つことすらできなくなった清麻呂公でしたが、皇室を守ることができたことに感謝するため、宇佐神宮へ立ち寄ることにしました。ですが、一行が豊前国（福岡県東部）に着く頃、どこからか数百頭のいのししが現れました。いのししたちは清麻呂公の輿《こし》の周りを囲み､道鏡の刺客たちから守りながら、十里の道のりを案内してくれたそうです。

清麻呂公が宇佐神宮で参拝を終えると、いのししたちはどこかへ去っていきました。清麻呂公の立派な人柄と、彼を守ったいのししのお話は、後世まで語り継がれることとなり、清麻呂公を祀る護王神社や和氣神社には、狛犬の代わりに狛いのししが建てられ、今も清麻呂公を護り続けているそうです。

清麻呂公は辞世の言葉として、我独慙天地《われひとりてんちにはず》を残しました。まさに現代ドラマの主人公で言えば、半沢直樹を地で行ったような歴史上の人物だったようです。

私が歩いていった鳥居の先に石段があって、少し小高い丘になっており、登ったところに大きな石が置いてあって、道が左右に分かれています。その左側に行くと少し開けた場所があり、そこにもう一つ「護王神社」という名前の神社が建っていたのです。そこが、和気清麻呂公が天皇家の先祖霊からご託宣を受けた場所だそうです。

その場所で和気清麻呂公が、天皇家の先祖霊にお尋ねしたらしいのです。清麻呂公は先祖霊から「天皇に就く者は、天皇家の血筋を引いた者でなければならない、それ以外の者がなることは絶対に許さぬ」という御託宣を受けて戻ってきました。そして天皇家の先祖霊から受け取ったご託宣の内容を家臣たちに伝えて、道鏡が失脚したというのが道鏡事件なのです。

私が社務所に入って、写真を撮った銅像は和気清麻呂公の銅像だったのです。

大分港に停泊中のフェリー

その護王神社に参拝した後、私は宇佐神宮を後にして、大分港まで移動してからフェリーに乗って松山の実家に帰る予定でした。大分港に着いて出港までしばらく時間があったので、港でぼんやりと景色を眺めていました。すると4月にもかかわらず、船と反対側の空に入道雲がモクモクと湧いてきたのです。見ていると何だか面白い形の雲になってきたので、写真を撮っておきました。

それがこの写真ですが、どう見てもいのししの形をしています。雲の形を通して、目に見えない世界の存在たちがメッセージを送ってくれたに違いありません。天皇家、和気清麻呂、宇佐神宮、道鏡事件、ヤハウェーの星など宇佐神宮参拝を行うことで、今まで私が知らなかった歴史上の情報を知ることがで

突然あらわれたイノシシ雲

き、今まで夢を通して受け取ってきた情報が、このような存在たちから送られていたことに気づくことができました。ちなみに私は、亥年生まれです。

道鏡が失脚した後、怒り収まらない道鏡は「余計なこと言ってくれたな」と和気清麻呂公を京都から追放し、鹿児島へ追いやってしまいます。そこで和気清麻呂公は、役人の仕事をするのですが、数年経った頃、天皇家の先祖にその時のお礼をしなくてはいけないと思い立ち、もう一度宇佐神宮へ行こうとするのです。

当時ですから山道とか険しかったのでしょう、かなり歳をとって身体も弱っていたので彼は途中で歩けなくなったそうです。その時に、イノシシの群れが現れて、和気清麻呂公を乗せて宇佐神宮まで運んでくれたという逸話があるそうです。そのようなイノシシとの深い関係があったので、大分港に着いたときにイノシシのような雲が現れたのでしょうか？

この宇佐神宮を訪問した時は、今までの自分とは違うエネルギー状態になっていたように思います。私の数少ない不思議体験の一日でした。

宇佐神宮を訪ねた後、波動測定の能力がパワーアップしたかについては、はっきりとはわかりません。でも、元々私はスピリチュアルな能力というのはまったくありませんでしたが、その後は不思議なことがいっぱい起こるようになってきたのです。

ヤハウェー星からのサポートで生まれた「数霊システム」

前に夢の中で情報を受け取ったとお話をしましたが、波動コードの秘密を探していた時に夢の中で「魔方陣」というものを初めて見たのです。

「ホロンクリスタル」の形も、球体のクリスタルの中にあの図形を彫るという映像が、朝の通勤途中、信号待ちをしている時に急に頭の中に降りてきたのです。それから、ＭＲＡの波動コードで魔方陣を作るといったことは、波動の測定をしている時に情報として降りてきます。閃きと言いますか、直感と言いましょうか、そういうことは頻繁に起きるようになってきました。

この「宇佐神宮に行ったらいいですよ」と言ってくれたチャネラーさんに、この前数年ぶりにお会いして、私の体験したことを報告しながら、またいろいろと教えてもらいました。

その時に、この「ホロンクリスタル」や「数霊システム」や「数霊の法則」とか、そういったものを自分が受け取って本に書いたり、実際の装置として開発したりしているのですが、その情報というのは、ヤハウェー星の人たちが送ってくれた情報なのですか、と聞いたら、その情報の6割はそうです、と教えてくれました。残りは他からの情報も含まれているようですが、6割というのは半分以上です。

「ヤハウェー星」は、とても高度な文明を持っている星なのだそうです。そして「ヤハウェーの星ってどういう星なのですか」と聞くと、地球のような物質として存在している星ではなく、エネルギー体として存在していますと教えてくれました。

太陽を中心にして、ちょうど地球とは反対側にあるエネルギー体の星で、そこには生命体がもちろん住んでいて、その生命体は地球人よりも意識レベルが高く、地球をサポートしてくれているそうです。

物質としての地球―エネルギー体としてのヤハウェー星。これは完璧に「陰」と「陽」の関係です。この二つの惑星が同じ公転軌道、公転周期で太陽の周りを回っているわけです。ヤハウェー星の人たちには、地球が今、大変な状況であることが当然わかっているのでしょう。ですから、地球をサポートしてくれているわけです。宇宙のルールにより直接手出しすることはできないので、情報を送ってくれて、それを必要な人が受け取り、その情報によって様々なものを具現化して、地球が良い方向に進んでいけるようにサポートをしてくれています。

そういう意味で、それらの情報を受け取って作られた「数霊システム」は、今の地球を良い方向に進めていくために、必要なツールだということは明らかです。

祈りの力でネガティブエネルギーをブロック！

波動カウンセリングというのは、クライアントさんが潜在意識の中に持っているネガティブな情報を測定しながら探し出していく作業になります。

ネガティブな情報というのは、ネガティブなエネルギーでもありますから、測定をするとそのエネルギーの影響を受けてしまい、こちらもものすごく疲れます。これはヒーリングやセラピーやカウンセリング、そして整体や鍼灸など代替医療と呼ばれている施術をしている方々全員に共通して言えるのですが、お客様はほとんどの方が体調を崩されていますので、そのような人をセラピーしていると、ネガティブなエネルギーを受けてしまって、セラピストも大きなダメージが残ってしまうようです。

当社に見えられるお客様には、ヒーリング関連の仕事をしている方も結構多いのですが、その人たちに共通してお聞きする悩みは、やはりヒーリングをした時に相手のネガティブエネルギーを受けてしまって、ものすごく疲れるということです。「そうならないために何か良い方法を知りませんか？」と必ず質問を受けるのです。

私もこの仕事を始めた頃から、波動測定をするたびに疲れていました。測定技術が高まれば高まるほど、潜在意識の深いところの情報を拾うようになるので、余計に疲れます。

一番ひどい頃は、測定が終わってからお客様を玄関先でお見送りして、そのあと椅子に座った途端、背中に鉛の板がベッタリと張り付いたような重さになり、座ったまま動けなくなっていたこともありました。

家に帰ってシャワーを浴びて一晩寝ると、また元気になります。そしてまた測定をして疲れてしまう……。これを繰り返していると少しずつネガティブなエネルギーが蓄積していって、あるとき微熱が出て、下痢が続くというような体調になったこともありました。

その時は、自分の波動測定をしても、はっきりとした原因がわからず、知り合いのヒーラーにエネルギー調整をしてもらいました。そのようなネガティブエネルギーを防御するため、身につけたりするグッズをいろいろ試してみましたが、これだというような物は見つかりませんでした。

何か良いものはないかなとずっと考えていましたが、ある時ふとお祈りしてみようと思ったのです。ちょうどその頃、ある宗教家の本を読んでいて、世界平和のための祈りが紹介されていました。また、精神世界系の雑誌などを読んでいると、すべての人に自分を守ってくれている天使や神様がついているという話が載っているのを思い出したのです。

そこで、自分を守ってくれている守護霊様、守護神様、守護天使様に、「どうか測定中のネガティブなエネルギーの影響を受けないように私をお守りください」とお祈りをしてから波動の測定をしてみたのです。

私は、そのような精神世界的な話は、それまであまり信じていませんでした。会社に神棚はありますから、毎日手を合わせて感謝の思いを伝えることはしていましたが、自分のお願いを聞いてもらうためのお祈りはしていませんでした。でもその時はなんとなく、自分を守ってくださいとお祈りしてみたのです。

その日は、二人続けて測定をしたのですが、測定が終わっても全然疲れていないことに気づきました。

「あれっ、どうしてだろう？」と考えて、そういえばお祈りしたことを思い出しました。前日までと違っていることといえば、お祈りをしたことだけだったのです。お祈りするとこんなに違うのかと思って、まだ半信半疑だったのですが、翌日から毎日測定を行う前にお祈りすることを始めました。するとそれ以来ほとんど疲れなくなったのです。

お祈りの内容もいろいろと変えながら行っていますし、測定が終わった後には必ずお礼のお祈りもするようにしています。それからは、お客様に、「何か良い方法を知りませんか？」と質問されると、この方法を教えてあげています。そのお祈りの方法を教えた人から、その通りにお祈りしてからセラピーの仕事をしてもまったく疲れなくなった、とメールで報告がくるのです。

ヒーリングとかセラピーの仕事をしていなくても、体質的に周りのネガティブなエネルギーの影響を受けやすい方もけっこう大勢いらっしゃいます。そのような人にもこの方法を教えてあげています。

一般の人でも、日常生活の中で以前のように疲れなくなったと連絡をいただき、本当に祈りの力はすごいなと感じます。祈り自体のエネルギーが守ってくれているのではなくて、実際に霊界で自分を守ってくれている霊的な存在がいて、その方たちに自分がお願いすることで守ってもらえているのだと思います。

私は波動測定の仕事をしていたからこそ、はっきりとその効果がわかったのです。今までスピルチュアルなことには鈍感な人間でしたが、もうこれは信じざるを得ないという状況なので、波動カウンセリングの仕事を通して、スピリチュアル世界のことをだんだんと実感するようになってきました。

パワーストーンの効果を実感

スピリチュアルといえば、よく使われるものに「パワーストーン」があります。私もいくつかパワーストーンを持っているのですが、「持ってから何か変わりましたか？」と聞かれても、「何も変化は感じません」と答えるしかありませんでした。

波動測定の仕事をしているからといっても、私は本当にエネルギーには鈍感な人間なのです。ただ水晶やレムリアンシードなど、見て良いなぁと思ったものを購入して部屋に飾ったりしていました。

波動の測定は、測定器のスピーカーから発生する音を聞き分けて行います。その音の微妙な変化を感じ取って、波動の共鳴、非共鳴を判断していくのですが、潜在意識の深い領域の情報は非常に微妙な反応ですので感じ取るのがとても難しいのです。自分の聞き取る能力が高まらないと、微妙なところの反応というのはなかなか拾えません。そんな時に以前買っていたレムリアンシード（水晶の一種）があって、それを測定器の上にちょっと乗せて測定したら、全然音が違ってすごくクリアに聞こえたのです。

水晶というのはエネルギーを増幅する力があるという話を以前から聞いていましたが、本当かどうか自分にはわからない世界の話でした。ところが、波動の測定をしていたおかげで、測定の時にその水晶を使ってみて、音の聞こえ方が全然違うという経験から、パワーストーンの効果を実感することができました。

今、街中でも多くの方がパワーストーンのブレスレットを付けていますが、私は普段は何も付けていません。付けるのは測定の時だけです。

最近購入した石はスペクトロライトという石で、これを乗せるとさらに精妙な領域の音の聞き分けができるようになりました。元はラブラドライトという名前の石らしいですが、ノルウェーの方で採掘されたものすごく輝きの強いものをスペクトロライトと呼ぶらしいです。

そのように石も使って測定をしています。今では測定をしている場所に、いろいろな石を置くようになって、まるでシャーマンのような雰囲気になってきています。天然の石と現代文明が作り出した波動測定器が融合した形で測定ツールがどんどん変わってきています。

このようにパワーストーンの効果を実感できるようになったのも、波動測定の仕事をしていたおかげであり、この仕事を通して自分自身のエネルギーに対する感覚と潜在意識がどんどん変化してきたことを感じています。

かごめかごめの歌に込められているメッセージ

波動測定の仕事を始めてから、直感や閃きが鋭くなったとお話をしましたが、2019年の暮れに、夢の中で新しい情報を受け取りました。情報を受け取る時は決まって明け方の、目が半分覚めて半分眠っているような意識状態の時です。そのような意識の時に、向こうの世界に繋がって情報を受け取りやすくなるようです。

この時受け取った情報は、かごめかごめの歌の情報でした。この歌は、作者不詳で歌詞の意味も不明ですが、昔から子供たちが遊びの時に歌いながら時代を超えて歌い継がれてきました。なぜこのような意味のわからない歌が長い時代歌い継がれてきたのか不思議ですが、その歌詞の意味が突然寝ている私の意識に入ってきたのです。その意味とは……

【かごめかごめ】

「かごめ」とは、籠目であり竹籠の編んだ目を意味しています。その編んだ目はイスラエルの国旗に描かれている六芒星の形をしています。六芒星はダビデの星と呼ばれており、平面に描かれた図形ですが、この形が立体的になると正四面体が二つ逆向きに合わさった形になり、これをマカバと呼ぶ人も多いです。

マカバは、インドヨガの瞑想をする時にイメージする幾何学図形で、4次元の人の意識を表しています。つまり『かごめかごめ』は、人の意識という意味になります。

そしてイスラエルの国旗にこの図形が描かれていることは大変興味深いことであり、この後の歌詞でその理由がわかってきます。

【籠の中の鳥は】

籠とは3次元の空間を指していいます。中の鳥は、意識が覚醒していなくて、3次元の空間に意識が閉じ込められている人たちのことです。自分たちは、3次元空間で生きていると思い込んでいる人たちのことなのです。

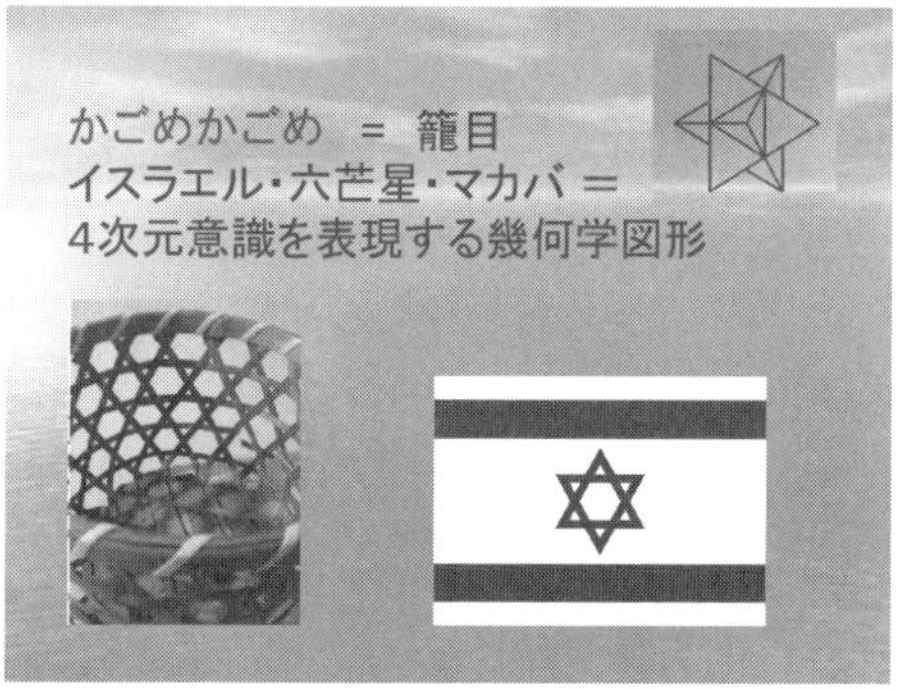
かごめかごめ　=　籠目
イスラエル・六芒星・マカバ =
4次元意識を表現する幾何学図形

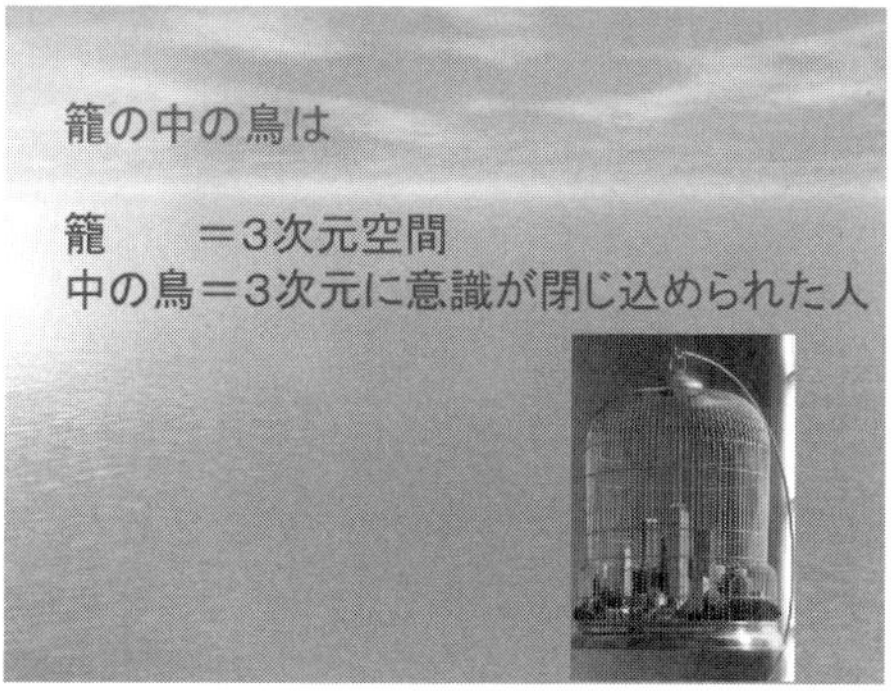
籠の中の鳥は
籠　　=3次元空間
中の鳥=3次元に意識が閉じ込められた人

【いついつ出やる】

3次元空間に意識が閉じ込められた人たちが、狭い空間の世界に閉じ込められていることに気づいて、いつ3次元空間から抜け出して、もっともっと広い4次元の時空に飛び出して自由に羽ばたくのだろうか？

【夜明けの晩に】

夜明けは暗い夜から明るくなっていく時、晩は明るい昼間から太陽が沈んで暗くなっていく時、つまり時間の流れで陰から陽に、陽から陰にエネルギーが逆転していく瞬間を指しています。長いスパンで見た時、世界的に20世紀は夜の時代と言われてきました。不正をしても証拠を隠していれば見つからない時代でした。しかし、21世紀の昼の時代になっ

いついつ出やる
いつ意識が覚醒して3次元空間から解放されるのか？

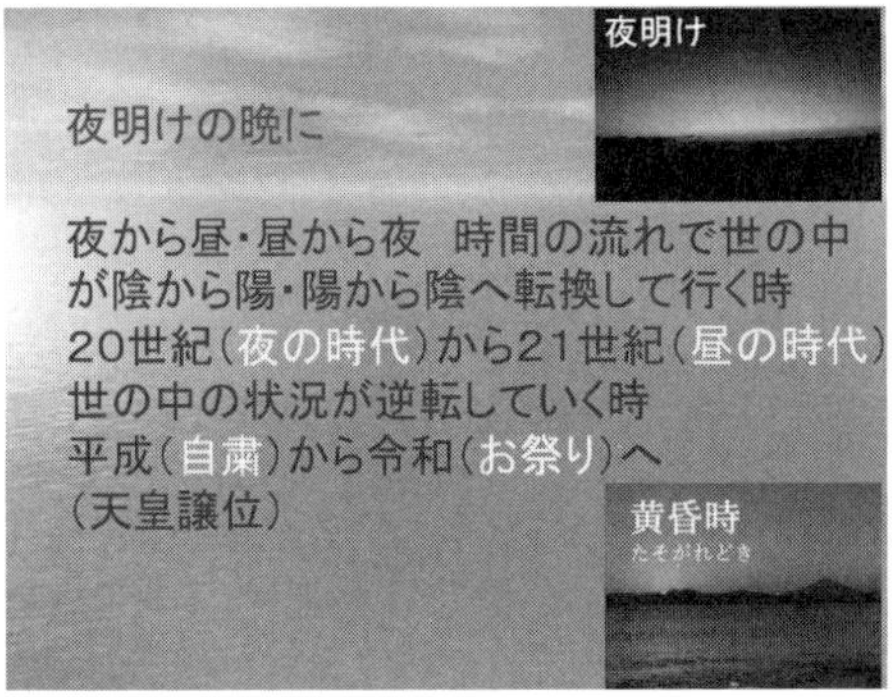
夜明け
夜明けの晩に
夜から昼・昼から夜　時間の流れで世の中が陰から陽・陽から陰へ転換して行く時
20世紀（夜の時代）から21世紀（昼の時代）
世の中の状況が逆転していく時
平成（自粛）から令和（お祭り）へ
（天皇譲位）
黄昏時
たそがれどき

た途端、今まで隠してきた不正が膿のように溢れ出してきました。今の時代は不正を隠し通せない昼の時代になったのです。我が日本においては、平成になった時の状況は、日本全国お葬式ムードですべてが自粛でした。２０１９年5月、令和になった時は、天皇譲位によってお祭りムードでした。東京では三社祭があり、本当に神輿が都内を練り歩いていたのです。このように、日本国内においても、陰から陽へのエネルギー転換がありました。

【鶴と亀が統べった】

丹頂鶴の頭に赤い丸の模様があるように、鶴は日本の象徴です。そして亀の甲羅に六芒星があるように、亀はイスラエルの象徴です。そして、鶴は空を飛びます、亀は地面を這います。つまり天と地・陰と陽の統合を意味しているのです。

日ユ同祖論では、現在の日本に住んでいる私たちの祖先は、イスラエルから来たユダヤ人であると言われており、古事記に記されている国譲りで語られているように、元々縄文人が住んでいた日本列島に弥生人（ユダヤ人）が入ってきて今の日本国を作った歴史があるようです。

イスラエルの元を辿ればアトランティスに、縄文の元を辿ればレムリアに繋がります。そんな相反するエネルギーを持った二つの文明の末裔たちが、日本列島で一緒になり統合されてきた歴史を、鶴と亀が統べったと表現されているのだと考えられます。

私たちは肉体を持ってこの世に生きている間は、男性と女性に分かれていますが、死んだあと肉体を離れるとすべての人の意識は中庸、つまり男性性と女性性が統合されたエネルギー状態に戻るのです。今の時代は、肉体を持った状態のままであの世に繋がりやすくなっていると言われていますので、肉体を持って生きている状態で、あの世の意識を思い出し陰と陽が統合されたエネルギー状態になれることを意味しているのです。それも私たちの日本国から始まるというメッセージのようです。

鶴と亀が統べった
日本 とイスラエル
ヤハウェーはユダヤの神
天と地・陰と陽が統合されて中庸に
統合されて中庸になることで次元上昇する
＝縄文ゲートが開く（意識覚醒）
願いをかなえる「縄文ゲート」の開き方

【後ろの正面だあれ】

「ランナーズハイ」という言葉があります。マラソン選手が走っている最中、身体が苦しくなって限界を迎えそうになっても頑張って走っていると、ふっと身体が軽くなり今まで以上のスピードで走りだすことがあるそうです。

　そういう時、ふっと前を見ると走っている自分を、後ろの少し高い所から見ている自分がいた、そういう話をよく聞きます。つまり、４次元にいる本当の自分の意識は、そのような位置にいて自分をいつも見ている存在なのであるということなのです。いつも後ろから、正面にいる自分を見守ってくれている人は誰ですか？　それは本当のあなたの意識体、本質の自分なんですよ。

このような解釈ができます。

カタカムナを説明する時に、潜象界と現象界という言葉を使います。21世紀に入り人類の歴史が大きく変わってくる時を迎えましたが、すぐに目に見えるような変化は起きませんでした。潜象界における変化はすでに起きていたのでしょうが、その変化が現象界に現れるには時間が必要だったのでしょう。それから20年が経過して、いよいよ目に見える形の変化が世界規模、地球規模で起きてきました。やっと今、現象界にその変化の波が届き始めたのです。

今、現実世界が大きく変化し始めていますが、まだこの変化は序章にすぎません。多くの情報を集める中で、おおよその未来予測ができるのですが、今起きている変化はおそらく

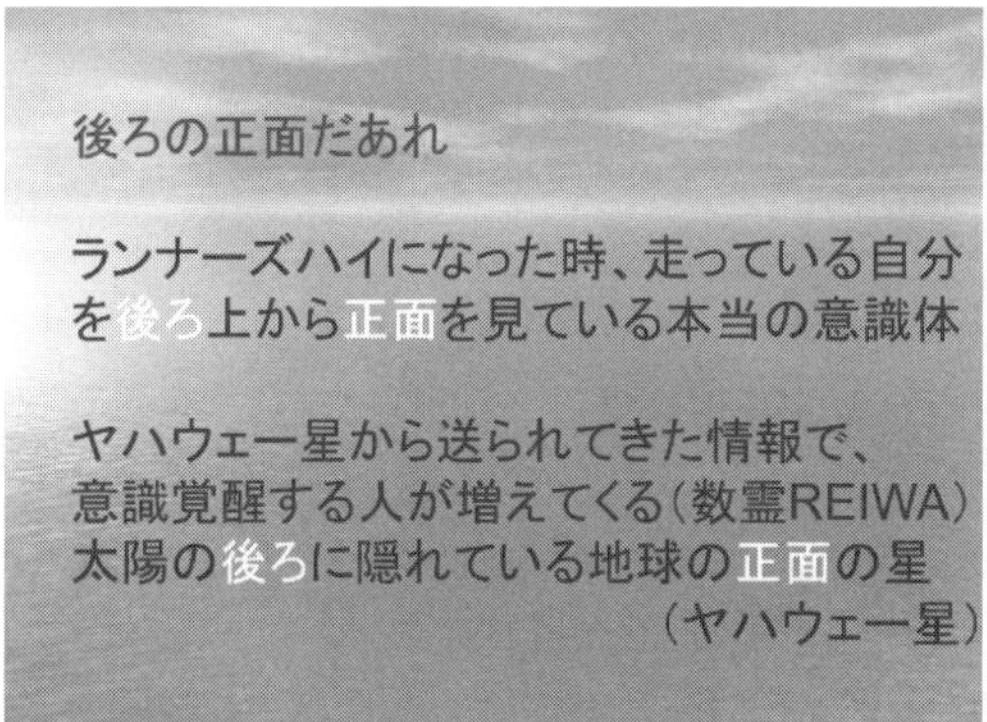
後ろの正面だあれ
ランナーズハイになった時、走っている自分を後ろ上から正面を見ている本当の意識体
ヤハウェー星から送られてきた情報で、意識覚醒する人が増えてくる（数霊REIWA）
太陽の後ろに隠れている地球の正面の星（ヤハウェー星）

２０２５年辺りまで続くだろうと推測できます。つまり、まだ大きな変化が起きる入口の段階なのです。その大きな変化がどの程度になるのかは、今地球上にいる私たちの意識の変化と連動していきます。そして地球人全体の意識が変わっていく先駆けとなるのが、アトランティスとレムリア両方のエネルギーを併せ持っている日本人の集合意識覚醒から始まるのです。

そのことを預言していたのが「かごめかごめの歌」であり、２０２０年から世界規模で大きな変化が生じていますが、これらの変化はすべて良い方向へ進むための変化であり、見えない世界からサポートしている存在があるのです。

「かごめかごめの歌」もその方達が今の時代に日本人の気づきを促すためのメッセージとして作ったものだと考えられます。私たちが自分の意識を早く覚醒させていくことで、地球上の災害は少なくなります、そこが重要なのです。今、この状況で、自分の心から湧いてくる感情を冷静に見つめ、ネガティブな感情が湧いてこないようになるためには、自分自身の意識を変化させていくことしかないということに気づいてください。そして、それを強力にサポートしてくれる、縄文の智慧を活用した装置『数霊システム』がすでに、開発されています。

宇宙から受け取った情報によって生み出された装置を、たくさんの人に活用していただき、心の平和を手に入れる人が増え、それを日本から発信することで、地球全体が平和な星になっていくことができます。それをサポートすることが、地球に来た私の使命だと実感しています。

潜在意識の開発を行うメソッド

目覚める時に受け取る情報

真実の情報は、自ら探しにいけば今の時代はインターネットという便利なツールで、意外と簡単に見つけることができます。ただし、インターネットにも出ていない情報はいくら探しても見つけることはできません。そんな時みなさんは、どのような方法で探しますか？

私の場合、先の文章の中にも書きましたがチャネラーさんに質問して、情報を提供してもらったことがあります。世の中には多くのチャネラーさんがいますので、その人の能力によって受け取る情報の精度が違ってきます。

能力の高いチャネラーさんでも、すべての情報が正しいとは言えませんので、最終的には受け取った情報の中で、自分が納得できる情報を取捨選択する必要があります。正しい情報で自分が本当に必要としているものなら、それはとても大きな価値のある情報になります。

私が教えてもらった情報で、自分の過去世に縁のある場所に行くことで、その当時身につけた知識や能力を思い出しやすくなるという話から、私の過去世に縁がある宇佐神宮を訪れて参拝した時の体験は、今の私の波動カウンセリング能力を高めるだけでなく、数霊システム開発の流れを大きく引き寄せる結果となりました。そのように、本当に自分が必要としている情報を受け取ることは、自分の仕事や人生を送る上でとても貴重なことなのです。

さらに、波動カウンセリングの仕事を続けていると、自分自身の感性が磨かれてきて、チャネラーさんにお願いしなくても自分で情報を受け取ることができるようになってくるのです。

よくあるのは、波動測定をしながら、今疑問に思っていることや選択に迷っていることなどを真剣に考えていると、ある瞬間に閃きが起きて、その答えを受け取っていることが頻繁に起きてきます。さらに、精進を続けていると夢の中で必要な情報を受け取ることが、頻繁に起きてくるようになるようです。

最初に受け取ったのは魔方陣の情報でした。この情報は完全に眠っている時に見た夢の中の情報でしたが、その後様々な情報を受け取るようになったのは、朝半分目が覚め、半分は寝ている意識状態の時がほとんどです。

あの世とこの世が繋がる時

私たちは、昼間起きている時は顕在意識を中心として活動していますが、夜眠っている時は潜在意識の世界にいます。つまりこの世とあの世を毎日行ったり来たりしているわけです。

あの世は潜象界であり原因の世界です、そしてこの世は現象界と呼ばれており結果の世界です。潜象界（潜在意識）の情報が、現象界（顕在意識）に結果として現れることを、セミナーの中でいつも説明をしています。

そして、潜象界（潜在意識）の中に記憶されている情報が現実の世界に現象として現れてくるので、潜在意識にネガティブな情報をたくさん記憶していると、その情報が現実の世界に様々な問題として現象化してくるのです。

その現象化した問題を解決するには、根本原因である潜在意識に記憶されているネガティブな情報を解消していく必要があることをたくさんの方にお伝えしてきました。そして、そのネガティブな情報をスムーズに解消していくツールとして、数霊システムを作り、その波動水がサポートを行ってくれることを、私自身が体験を通して実感しています。

２０１９年10月に、受け取った情報もやはり朝完全に目覚める前の、意識状態の時に受け取ったのです。それが『かごめかごめの歌』の歌詞に関する情報でした。その情報の中で特筆するのは、「夜明けの晩に」という歌詞の意味です。

「夜明け」も「晩」も時間の流れの中で、夜↓昼、昼↓夜と昼夜が逆転していく時、つまり陰と陽が逆転する時という意味です。この時に「鶴と亀が統べる」、あの世とこの世が繋がるということを歌詞で伝えていたのです。なるほど、だから朝半分起きている意識の状態で、いろいろな情報を受け取ることができたのかと納得していたのです。

眠る時は種を植える時

朝目が覚める時に、いろいろな情報を受け取ることができる理由がわかったのですが、一つわからないことがありました。それなら、夜眠る時はどうなのか？

私の経験上、今まで夜眠る時に情報を受け取った経験はありませんでした。なぜ、完全に眠る前に情報を受け取ることがないのだろうか、そのことをずっと疑問に思っていたのですが、その答えを先日知人から教えてもらった情報の中に発見したのです。それは目標や願い事を現実化するための「メンタルシードの法則」というメッソドです。

その内容は、

①自分の願い事をしっかりと決める
②同じ願い事を持っている仲間を探す
③その人に有益な情報を提供してあげる
④今日の良い行いを思い出しながら眠る

という簡単な内容ですが、この中で4番目の項目がもっとも重要だそうです。

メンタルシードですから、心に種を植えるという意味になります。つまり、起きて活動している時に、知人に有益な情報を提供するという徳を積む行動を取る。その行為によってプラスのカルマが作られるのですが、それを寝る前にもう一度思い出しながら眠ることで、その情報が潜在意識に強く記憶されていくようなのです。そうすることで、潜在意識にポジティブな情報が増えていくわけです。

目覚める時＝ＯＵＴＰＵＴ、眠る時＝ＩＮＰＵＴ、私たちの意識にはこのような情報の流れがあるようです。

このことを知ったことにより、今まで疑問に思っていたことの答えを受け取ることができました。最後のピースがはまったことにより、意識と時間の流れが３６０度完璧に繋がった感がありあます。この方法は自分自身が取り組んで、自分の潜在意識を変えて行く方法になります。

この流れを加速させるのが数霊システムの波動水なのです。波動水を飲むことで、スピードが20倍アップします。回転の速度を上げることで、次元が上昇して意識が覚醒していくのです。

読者の皆様も、是非お試し下さい。

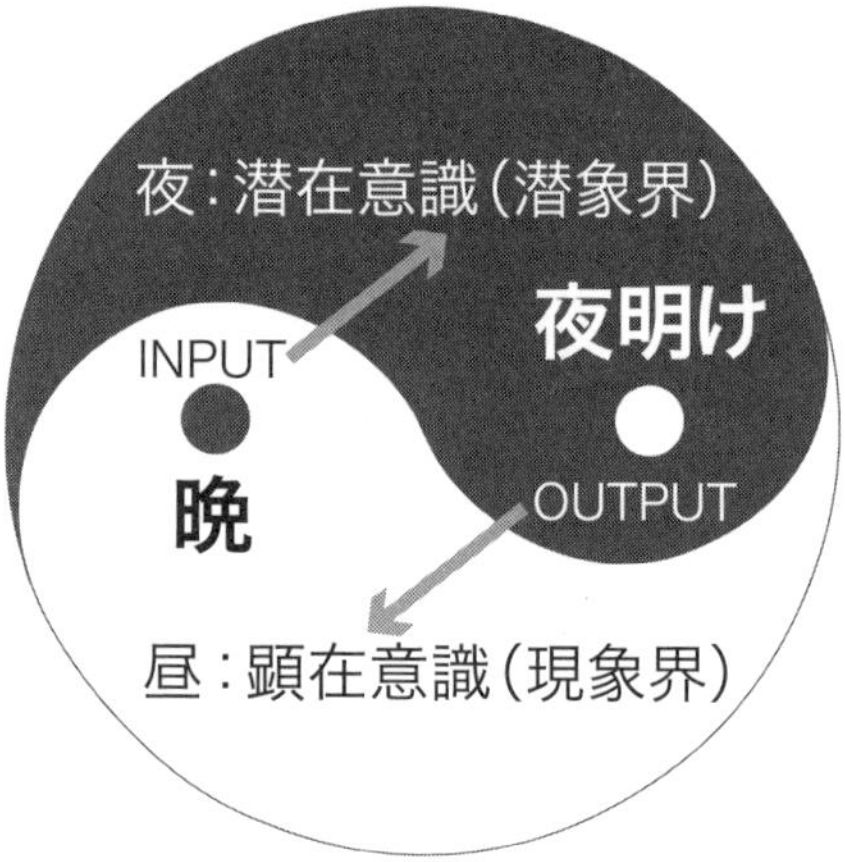

レムリアとアトランティスの融合

古神道の教え「数霊《かずたま》」の中で伝えられてきた魔方陣、その魔方陣の中に隠されていた法則を使って開発された数霊システム。縄文時代から伝えられていたとされる古神道ですが、その縄文人はどこからきたのでしょうか？

一説によりますと、ムー大陸からきたという話があります。ムー大陸は、太平洋の中央にあった大陸です。そこにいた人たちはレムリア人と呼ばれており、愛と調和をベースに自然や宇宙と調和することを基本とした考えを持っており、5次元世界を体現した文明を築いていたとされています。しかしながら、大陸が沈む時を迎え、そのことを察知した一部のレムリアの人たちが、日本列島に逃れてきて縄文文明を築いたそうなのです。レムリアの叡智を受け継いだ人たちだから、5次元意識が覚醒しており所有するという意識がなく、争いのない愛と平和に満ちた時代が1万年以上続いたのでしょう。美しい縄文土器や土偶などを見ていると、そこからも縄文の人たちの意識の高さが垣間見えてきます。そして、その縄文人たちによって語り継がれてきた古神道の教え、その中に含まれている数霊と魔方陣にはどれだけの叡智が隠されているのでしょうか？そんなことを日々考えている時に、私はエジプトに行くチャンスを得ることができました。参加したのは特別なツアーで、普通の旅行会社が主催しているツアーでは見学できない遺跡や神殿に入ることができました。しかし何といってもエジプトといえばピラミッド、クフ王の墓と言われているギザの大ピラミッドです。日の出前に入ったピラミッドの王の間で、特別に許可を貰って持ち込んだ数霊システムを使い、その場のエネルギーを測定したのです。数霊システムには、マインド測定というモードがあり、どのようなネガティブ感情があるのかを調べることのできるプログラムが内蔵されているのです。

そのマインド測定を使って、王の間に残っているネガティブ感情がどのような感情であるのかを調べるための測定をしてみました。その結果は……測定不可能でした。測定をスタートしてから、時間がいくら経過しても測定終了しなかったのです。つまり、ピラミッドの王の間には、ネガティブなエネルギーは一切存在しない、愛のエネルギーに満ちあふれた場だったのです。

ギザのピラミッドは、クフ王の墓という説が主流ですが、そうではなくピラミッドは宇宙から愛のエネルギーを受信して集めるための装置だったようです。

イエス・キリストとマグダラのマリアも、エジプトにやってきて、王の間でハトホルの儀を執り行ったと言われています。そのことにより、イエスは愛に溢れた存在となり、様々な奇跡を起こせるようになったとのことです。

アトランティス文明の科学技術を地球上に残すために建造されたと言われているピラミッドですが、そのアトランティス文明は科学と知性を極めた文明で、レムリア文明とは対照的です。

現代文明もアトランティス文明に似て、科学技術を追究してきた文明です。現代社会の中で使われている電気工学技術もその一つになりますが、その技術を使って開発した数霊システムの中に、縄文の智恵である数霊の法則が入っているということは、レムリアとアトランティスの智慧が融合した装置であるといえます。地球に

数霊システムⅢ

転写コード

【転写コード一覧】同一コード抽出

01)	05982	ムッとした	21)	85086	恐怖と向き合う
02)	05982	(同上)	22)	85086	(同上)
03)	15580	潜在する精神的苦痛	23)	85160	傷つきやすい
04)	15580	(同上)	24)	85160	(同上)
05)	45616	圧力	25)	85214	経済的なストレス
06)	45616	(同上)	26)	85214	(同上)
07)	45848	嫉妬心	27)	85339	悲哀
08)	45848	(同上)	28)	85339	(同上)
09)	45859	抑鬱	29)	85339	(同上)
10)	45859	(同上)	30)	95071	回避、避けること
11)	65007	環境ストレス	31)	95071	(同上)
12)	65007	(同上)	32)	95092	異常な懸念
13)	65069	不快な夢	33)	95092	(同上)
14)	65069	(同上)	34)	95092	(同上)
15)	65927	食品の記憶	35)	95238	十分な考察
16)	65927	(同上)	36)	95238	(同上)
17)	75137	過去の呪縛	37)	95316	低適応
18)	75137	(同上)	38)	95316	(同上)
19)	75291	深い悲しみ	39)		
20)	75291	(同上)	40)		

測定したネガティブ感情

おける人類の進化を目的として誕生した二つの文明は、相反する文明です。その相反する二つの文明が残してくれた智恵が融合して誕生した数霊システムは、現代人がこれから覚醒して調和の世界を築いていく上で必要不可欠なツールなのかも知れません。

スフィンクスの前足から　ギザのピラミッドとともに

第8章

愛のエネルギー

愛のエネルギーとは

奇跡の体験談

数霊システムユーザーさんからは、いろいろな体験談が寄せられます。その中でもすごく驚いた事例を一つご紹介しましょう。

この方は数霊システムのユーザーさんですが、装置をあまり使っていませんでした。ある時親戚に息子さんのことで悩みを抱えている方がいることを知り、その人に使ってもらおうと思って装置のことをお伝えしたら、是非使わせてほしいとの返事をいただいたので、プレゼントしたそうです。

実はその親戚の方は、息子さんが統合失調症を患っていて、もう7年間も病院に入院しているのだそうです。そのお母さんは、波動のことも数霊のことも何も知りませんが、貰った装置が息子の役に立てばと思い、藁にもすがる思いで使ってみたそうです。使い方も基本操作説明を見ただけで、後は我流で息子さんの写真を使って遠隔ヒーリングを毎日行ったそうなのです。
するると、なんと3か月後にはその病院を退院することができたそうです。その報告を聞いて驚いた元のユーザーさんは、そんなにすごい装置だったのかと改めて驚きを感じて、もう一度数霊システムを買い直して、自分でもせっせと使い始めるようになりました。

結果になぜ差が生じるのか？

この事例は、今まで集まった体験談の中でも群を抜いてインパクトのある体験談です。他にもたくさんの体験談が集まっています。しかしながら、そのような人ばかりではなくて、せっかく購入しても思ったような成果が得られずに手放してしまう人も、少数ですがいらっしゃいます。結果が出る人と出ない人の差はどこにあるのだろうか？　私はそのことを、数霊システムを開発して販売を始めた当初から考えていました。

数霊システムは、自動測定を行える装置ですので、測定ボタンを押せば、誰でも簡単に測定することができます。そして、拾い出した波動コードを水に転写して、波動水を作ることができます。3次元的な操作手順だけを見ていれば、誰もが同じように操作しているはずです。

ところが、結果に大きな差が出るということは、それ以外に何か別の要因が加わっていると考えるのが順当な考えでしょう。波動の世界はエネルギーの世界であり、意識の世界ですから、4次元以上の世界になります。4次元以上の世界とは、私たちの心や意識、魂と呼ばれている世界のことです。その世界の情報が、波動測定を行う際の条件として必要であることは容易に察しがつきます。

必要な心の世界の条件とは？

私は、ノートルダム清心女子大学元教授の保江邦夫先生の著書をたくさん読ませていただいております。保江先生は退官後、様々なスピリチュアル体験をされて、その内容を著書に記されています。

合気道を学生時代から習っていた保江先生は、合気道の創始者である植芝盛平氏やその弟子の塩田剛三氏を師と仰ぎ、その教えを規範として日々鍛錬を重ねているそうです。

著書の中で紹介されているお話ですが、ある時、弟子が塩田氏に質問をしました。

「先生、合気道の極意とは何でしょうか？」

すると塩田氏は「合気道の極意とは、自分を殺しにきた相手と友達になることだ」と答えたそうです。

保江先生は、この答えの意味を考えた時に、自分を殺そうとしている相手と友達になるためには、どうすればいいのか？　それは、相手を心の底から愛するということではないか、と気づいたそうです。

たとえば、まったく無防備で愛を振りまいてくれる赤ちゃんに対して暴力を振るおうと思う人はいないはずです。無条件で愛してくれている人を、殺すことなどできるはずがない。ただし、普通の人は殺しにきた相手を無条件で愛することなどできるはずもない。

合気道とは、もともと戦うための武道ではなくて、戦いを避けるための武道であると聞いたことがありますので、究極の技が相手を無条件に愛することというのも頷けます。

では、その境地に近づくためには、どのようなことをすれば良いのだろうかと考えた時、マザーテレサの言葉が浮かんできたのです。

「愛の反対は憎しみではなくて無視することです」

その言葉を解釈すると、愛の反対が無視であれば、無視の反対である興味が愛に繋がるのではないか。つまり、相手に対して興味を持つ、そのために相手の顔を見る、眼を見る、細かい表情や顔の作りを見て、毛穴の一つ一つまでも観察するくらい興味を持つところから入っていけば、やがてそれが相手の人を愛することに繋がるのではないかと考えたのです。

UFOは愛のエネルギーで飛ぶ？

保江先生の著書には、UFOに関する情報もたくさん書かれていますが、ある時ロシアのUFO研究所で働いている方にお会いして、いろいろお話を伺う機会があったそうです。

そのロシアの研究所では、研究員である人間と一緒に宇宙人もUFOの開発に携わって働いているそうなのです。その宇宙人からUFOを作る原料を教えてもらい、部品の製造から設計まですべてを教わっているそうです。

ところが、作った部品を設計図通りに組み立てても、そのUFOは飛ばなかったのです。宇宙人が言うには、組み立てに携わった研究所の人たちの意識レベルが低いからだとのことです。

そこで、シベリア奥地の未開発地にあるアナスタシアと呼ばれている村に住む人たちに組み立てて貰ったところ、無事にUFOとしての機能を発揮して飛ぶようになったそうです。

このアナスタシアに住む人々は、現代社会から隔離された場所で自然と一体になって生活をしている心の純粋な人々だそうです。そのような人々に組み立ててもらったことで、UFOにも愛のエネルギーが備わったのです。

愛という字の意味は？

「汝の敵を愛せよ」とイエス・キリストは言ったそうですが、この愛という文字はどのような意味からできているのでしょうか？

愛の上の方の形は船とそこに乗っている人たちを表しているそうです。そして、下の方の形はその船を作っている人、つまり船大工です。その真ん中に心が入っています。

昔の主要な交通手段だった船は、多くの人が活用していたと思います。もしも船に不具合があり、海に沈んでしまうようなことがあっては大変です。だから、船大工さんたちは心を込めて、乗る人の安全を思いながら、一つのミスもないように細かく点検して船を作ったのです。

そのような想いが、愛であり愛のエネルギーが込められた船は、沈むことはなかったのです。相手の無事を願い、思いを込めること、それが無条件の愛であり、その想いがあればトラブルは起きないのです。最初にご紹介した体験談のお母さんは、息子さんのことを真剣に想い、無事に退院してくれることを願い、毎日ヒーリングを行ったのでしょう。その愛のエネルギーが遠隔ヒーリングの波動コードと共に息子さんの意識に届き、ネガティブなエネルギーの影響を解消したのだろうと思います。ですから数霊システムを操作する時は、愛の想いが伴っているかどうか意識しながら使ってみてください。

太陽系惑星の波動

クライアントさんが抱えている問題の原因を拾い出すには、現実の世界において問題が生じている身体の不調な部分や、人間関係の問題、その他現状の問題点を把握することがスタート地点になります。そして、その状況を把握した上で、それらの原因をさらに深い領域へと掘り下げていくのです。

深い領域とは、潜在意識の世界ですから、エネルギー的にはより周波数の高い世界になります。潜在意識の世界も、個人的無意識の世界から、他の人と共有している普遍的無意識の世界に入っていくことで、さらに周波数的に高い領域になってきます。そして、そのような世界の中で抱えている原因が、「根本原因」と呼ばれる情報になります。

そのような〝ミクロの世界〟まで深く掘り下げて情報を拾い出していく測定をいつも行っていますが、波動の世界は〝ミクロの世界〟だけではなくて、自分を起点とした〝マクロの世界〟にも視野を広げることが必要になります。

〝ミクロの世界〟は、私たちの身体を起点として、臓器、細胞、タンパク質、アミノ酸、分子、原子、電子、原子、原子核、陽子、中性子、クォーク……と細かく微細な世界に深く入っていくことになります。原子核より微細な世界は、物質の世界ではなくすでにエネルギーの世界になっており、先ほど説明をした潜在意識の世界になるのです。

それに対して、〝マクロの世界〟はどうでしょうか？

自分の身体を起点にして見た時に、住んでいる町、国、大陸、地球、太陽系、銀河系、さらに大きな銀河団などがあります。私たちは、地球と呼ばれている惑星の中に住んでいますので、通常は地球を外から見ることはできません。地球以外の太陽系の惑星も間近に見ることは不可能です。ところが、これらの惑星にもそれぞれ固有の波動があり、私たちはその影響を常に受けているようなのです。

波動は振動であり、振動は回転運動から生じます。太陽系の惑星は、すべてが球体をしており、回転（自転）しながら公転運動を行っています。その回転運動から振動が生じて、波動エネルギーが出ているのです。

たとえば、地球は約24時間で1回転しながら、約３６５日で太陽の周りを1周しています。1ヘルツは1秒間に1回転の運動なので、地球の自転から発信される波動はどのくらいかというと、約０・００００１１５７４ヘルツになります。そして、地球の公転から発信される波動は、約０・０００００００３１ヘルツになります。これだけ低い周波数だと、その波動自体が存在しているのかどうかわからないでしょうし、ほとんどの方が何も感じないと思います。地球よりも外側の軌道を公転している惑星の波動は、もっと低い周波数になりますから、さらに何も感じられなくなるでしょう。

ところが、こんなに低い波動であっても私たちの現実に大きく影響を与えているようなのです。高温の熱湯に手が触れると火傷しますが、低温のドライアイスに触れても火傷をします。つまり、波動の世界は私たちが今いる現実の世界を中心にして、マクロとミクロの両方に広がっており、そのどちらにおいても現実の世界に大きく影響をおよぼしていることになります。

空気のきれいな場所で夜空を見上げると、たくさんの星を見ることができます。太古の時代、それらの星から星座なるものを考え出し、占星術という学問が生み出されました。西洋占星術においては、地球から見えるほとんどの星を使って占いますが、インド占星術においては太陽系内の惑星の配置から、その人の人生を占うようです。

そのインド占星術において伝えられている教えでは、それぞれの惑星におけるエネルギーがあるのですが、波動測定をすると一番目立つのは火星のエネルギーなのです。火星が象徴するものは、争い、戦争のエネルギーなのですが、このエネルギーの影響を強く受けている人の場合、電化製品が壊れやすくなるようです。

以前、波動測定のオペレーター研修を行っていた時に、測定器が動かなくなる生徒さんがいました。スイッチを入れても音がまったく出ない状態で、波動コードの入力もできない状態でした。完全に故障していると思いメーカーへ修理に出したのですが、メーカーで確認すると、どこにも異常が見当たらないというのです。とりあえず、全体を確認してもらってから送り返してもらったのですが、その生徒さんが使おうとすると、また動かない状態になるのです。

そこで、知り合いの方に相談したところ、その生徒さんの情報を伝えた瞬間に、「この人は火星の影響がものすごく強いです」と言われたのです。そのことを本人に伝えると、確かに使っている電化製品がよく壊れるとのことでした。

「数霊システム」の中にある波動コード表には、惑星コードも載っており、その中に火星のコードもありますので、そのコードで波動水を作って飲みながら測定練習をするようになってから、それまでのように頻繁には故障しなくなりました。

この情報を知ってからは、パソコンがよくフリーズするとか、銀行のATMが故障するとか、そのような相談を受けた時には、すぐに火星のコードを使って波動水を作るようにしています。

つい先日も、「数霊システム」を購入された方から、転写している途中でパソコンが止まってしまうとの相談がありました。詳しくお聞きしたのですが、その方が触れると友達のパソコンもよくフリーズするとのこと。そこで火星の波動コードを転写して飲んでくださいとお伝えしておいたのです。その方は、すぐに火星の波動コードをそのまま転写したお水を飲んだのですが、それ以来パソコンがフリーズすることはなくなったそうです。

波動カウンセリングの仕事をしていると、その時の自分の知識では対応できない現象がいろいろと出てきます。そのような時には、自分が知らない知識を持っている人に相談して情報を教えてもらい、現実世界の問題を解決しなければなりません。その問題が解消されるのを目の当たりにしながら、自分自身の波動に対する世界観が広がっていく経験を今でも続けています。

まだまだ、私が知らない世界がたくさんあるようですが、私たちが棲んでいる宇宙、そして意識の世界はすべてが相対的に作られており、新しい情報を知って新たな経験を積む度に、折りたたまれた紙が広げられていくがごとく、新しい世界が広がっていくのです。

インナーチャイルド解消法

最近わかったことなのですが、病気の方で特にアレルギー的な症状の方、たとえば花粉症、喘息、アトピー、リウマチなどの方は、免疫バランスの崩れから症状が生じているようです。そのような方の波動測定をしていると、胸の真ん中に免疫を司っている胸腺という臓器があるのですが、100パーセントそこの波動に乱れが生じています。胸の真ん中はチャクラでいうと第4チャクラの位置になります。この胸腺の乱れがある場合は、第4チャクラのエネルギーが十分に流れていないということになります。

第4チャクラはハートのチャクラで、愛のエネルギーが流れるチャクラですから、そこの流れが滞っている場合は愛情不足ということになります。その原因として一番に挙げられるのがインナーチャイルドです。

インナーチャイルドとは、幼少期に両親から十分に愛情を注いでもらえなかったことから、成人した後でもその影響によって生じる愛の不足感のことを意味します。ところが波動カウンセリングでこのインナーチャイルドを詳しく調べていると、本人の問題によって生じている原因よりも、家系における水子からきている情報が影響している場合の方が多いことがわかってきました。

波動コードで測定する場合は、父母水子か、父方母方両方の祖父母水子に限られます。狭い範囲での測定ですが、その狭い範囲の情報でも測定を受けに見えられる多くの方に反応が出てくるのです。

その影響として水子の残していった感情波動がありますが、幸福感の欠如、寂しさ、悲しみ、不幸、やきもち、など数種類の感情コードが出てきます。そういった感情が潜在意識の中に残ってしまい、それを「家系のマイナスカルマ」として、父や母から遺伝的に受け取ってしまうようです。自分が作ったカルマではないけれど、自分の潜在意識の中にそのような情報を持っているために、それが胸腺の波動を乱してしまって免疫のバランスを崩してしまい、様々なアレルギー症状として現れてしまう方がけっこう多いように思います。

さらに、その水子霊が成仏できている場合はまだ良いのですが、成仏できていない場合があります。その時には供養をしてあげる必要があります、以前はお寺のお坊さんにお願いして供養をしてもらうという方法しか思いつかなかったのですが、ある時、知り合いの方から自分でできる水子供養の行い方というものを教えてもらいました。

まず水子に名前を付けてあげます。水子はこの世に生まれてこられなかった霊体なので「生まれたかった」という思いが強く、未練が残っているのでそれが執着になって成仏できていないのです。だからまず、名前を付けてあげてくださいと言われました。

この名前を付けてあげることによって、「この世に生まれてきたんだよ」という証になります。するとその執着がなくなって成仏しやすくなるそうなのです。そしてその名前を呼んであげながらお祈りをしてあげます。

「この世に元気な状態で生まれてくることができなかった、あなたの寂しさに誰も気づいてあげられなくてごめんなさい。許してください。ありがとう。愛しています。安心して光の世界に戻ってくださいね」と名前を呼んでお祈りをしてあげます。

家系上の子孫の人がお祈りをしてあげることで非常に成仏しやすくなるようです。このように成仏できていない、家系水子霊の反応が出た方には、それをみなさんにお伝えしています。

自分でできることなので、みなさん一生懸命お祈りします。すると、次に来店されて測定した時には、ちゃんとその反応が消えています。反応が消えると同時に免疫のバランスも整ってくるので、症状も改善していきます。そのような情報も測定をしているとわかってくるのです。

このように必要としている情報も、目的をしっかりと持って仕事をしていると、タイミング良く与えられるようになってくるのです。

「真眼智慧」とは

「真眼智慧」という文字は、私が自分の著書にサインをする時に書く文字です。

これは、世の中のすべての方に、本質を見抜く力を養っていただきたいという思いを表している言葉です。

では、本質が見えているとはどういうことでしょうか？　それは、別の言葉で言えばその現象や行動が生じる前の原因である、目的や動機が見えているかどうかということでしょう。

この本の中で何度も書いていますが、3次元における現象や行動は、結果として生じている世界であり、その結果が生じるには心や意識の世界における、目的や動機などの思い（原因）が必ずあるのです。その目的や動機などがしっかりと見えているかどうかで、生じている現象の受け止め方が違ってくると思うのです。

たとえば、2011年の東日本大震災が生じた時に、たくさんの方が義捐金を寄付されました。テレビを見ていると、有名な方が億単位で寄付したというニュースなどもありました。表面的な意識でそのニュースを受け止めれば、大変素晴らしい行いであると思います。

ところが、本質が見えている人の場合、その寄付した行為と金額だけで、その内容を判断することはないのです。その行為の元にある目的や動機を把握した上で判断しようとします。無理に判断しようとする必要はないのですが、その行為に伴うエネルギーを敏感に感じられるようになってくるのです。

もし、義捐金を寄付している人が、その行為によって自分や企業のイメージアップを図ろうとする思いが強い場合は、そのニュースを見ているだけで違和感があると思います。つまり、そこには被災された方たちのことを純粋に思うエネルギーではなくて、自分たちが良い人に見られたいというエゴのエネルギーがあるのです。寄付をするという行為でも、その元にある目的のエネルギーが違ってくると、その行為から広がるエネルギーがまったく違うものになり、その行為を受け取る人たちに与えるエネルギーもまったく違ったものになってくるのです。

ヒーリングやセラピーの世界においても同じことが言えます。エネルギーを扱う世界なだけに、目的や動機がポジティブなものであれば、その影響は顕著に表れてくるようです。逆に自分が儲けることを優先してヒーリングの仕事を行っている場合、その人の所にいくら通っても、かえって体調が悪くなるということもあるのです。

３次元の情報だけで判断した場合、有名でとても繁盛しているヒーラーやセラピストの所に行けば、すごいセッションを受けることができると思ってしまうようです。ところが、高い料金を払ったけれど、その内容は大したことがなかったとか、逆に恐怖心や依存心を煽られてしまったという話をよく聞きます。そのようなヒーラーやセラピストは、自分がお金を儲けることが目的で仕事をしているので、本質を見ることのできない人を依存させたり、執着させたりする能力に長けています。そのようなセラピストの所に多くの人が集まっているという現象を見るたびに、まだ世の中には本質を見抜けない人が大勢いるのだということがわかってきます。

私たちの波動業界でも、過去に同じようなことがありましたので例外ではないようです。

私が著書を出版してから、セミナー、講演会などでサインを求められる場面が増えてきました。その時に私の名前と一緒に「真眼智慧」という文字を書いているのですが、どういう意味なのですかと聞かれることがよくあります。この熟語は私が作った言葉ですのでわからなくて当然といえば当然なのです。この言葉には、今回書いた内容の思いが込められているのです。

真＝まこと、真実、真理、本質

眼＝みる、見極める、判断する

智慧＝ちえ、真理を魂で感じとる力

まとめれば、「宇宙と調和している本当の情報を、自分の魂の力で感じ取る」という意味になります。日本中の人たちがそのような力を身につければ、日本という国は素晴らしい国になり、そして、そこから世界の平和に繋がっていくと思います。そのような想いを込めて、毎回サインを書かせていただいております。

２０１１年３月の震災を経験することによって、多くの方の価値観が変わってきたように思います。本当に大切なものは、お金や物ではなくて自分の心の中にあるものだと。そう考える人がたくさん増えてきたので、私もやっと周りの人たちと違和感なく生活できるようになってきた、そういう時代になってきたと感じています。読者の皆様におかれましても、同じような想いを感じている人は多いのではないでしょうか？

そして、「数霊の法則」から言えば、すべては相対的にできていますので、本質を見る力を身につけたならば、それを内側と外側両方に活用することで、すべてはスムーズに進んでいくでしょう。外側は人の行為を本質から見てみること、そうすることで邪な思いを持っている人に関わることを避けられます。内側は自分自身が行動を起こす時に、いつも愛を伴った行動を起こしているかを確認することで、すべてが順調に進むようになるのです。

これからは、嘘をついて生きていくことのできない時代になります。なぜならば、本質を見ることのできる人がどんどん増えてくるからです。

そして、そのような時代になってきたからこそ、まさに今、私たちの波動技術も世の中の人に求められており、その役割を果たしていく時期になってきたと思います。

自立することの意味

世の中のすべての人が本質を把握することができるようになると、依存する関係がなくなります。クライアントさんがセラピーを受けて病気が治っていくということは素晴らしいことなのですが、完全に治るためには、最終的にはその人自身が自立しなければなりません。

たとえば、私がクライアントさんを依存させてしまうと、セラピーを行う中で病気はある程度良くなっていくかも知れませんが、その人が自立する機会を奪ってしまいます。そうなると、その依存状態から抜け出せなくなります。個人が自立していかなければ、世の中全体も良い方向へ変化していかないので、依存させるということは世の中を良くすることと逆の行為になります。

私たちが波動カウンセリングを行うということは、人が自分の足で立って歩けるようになるための、自立のサポートをしているということです。

人には、生まれてきた本来の目的があると思うのですが、いろいろな理由によってその目的に進んでいくことを妨げる要因を抱えてしまうことがあるようです。それが、家系からくる遺伝的要因であったり、自分自身の過去世カルマであったりします。そして、さらにそれらの情報が共鳴現象によって引き寄せたネガティブなエネルギー、たとえば電磁波や毒素、ウイルス、霊障などの影響を受けてしまい、本来の目的に進んでいくことができなくなってしまうのです。

「数霊セラピー」は、引き寄せているマイナスエネルギーを取り除いてあげることができます。それによりニュートラルな状態になれます。そして、その人が自分の意志と責任で、自分の人生を真っ直ぐ目標に向かって歩んでいく意志を持った時に、それをサポートできるのです。これが自立を支援するということなのです。

見えない心のやり取りは人間しかできない

私は、学生時代には応用微生物工学科を専攻していました。卒業研究の時にアルコール発酵の研究をしており、大学の研究室で焼酎を作っていました。

廃糖蜜《はいとうみつ》という液があります。サトウキビを絞ってその絞り汁を精製して砂糖を作るのですが、何度か繰り返すとこれ以上もう糖分を取り出せないという状態の真っ黒の液が残ります。それが廃糖蜜なのですが、実は、まだその中には糖分が50パーセントも残っているので、そのまま捨ててしまうのはもったいないのです。そこで残っている糖分を使ってアルコール発酵をさせて焼酎を作るのです。

その廃糖蜜というのは、東南アジアでは砂糖を生成した時に残った廃液です。それを輸入してきて、発酵させて焼酎をつくります。発酵させる時に酵母を入れるのですが、酵母は液体の中の糖分を食べて、アルコールと二酸化炭素を作ります。

細胞分裂をしながらどんどん糖分を食べます。すると、液体の中の糖分が少なくなるので、追加で糖分を入れてあげます。そうすると、またその糖分を食べて細胞分裂をしながら酵母が増えていきます。だんだんアルコールが増えてくるので、あるところまでいくと発酵が止まってしまいます。それを効率よく発酵させて、最後に極力糖分が残らないようにするにはどのタイミングでどのくらいの廃糖蜜を入れれば良いのか、というデータを取る実験をしていました。中の糖分量を調べるために発酵槽に電極を入れた装置を作り、糖分量がここまで下がったらセンサーで感知して一定量の廃糖蜜を入れる、という自動的に追加していく装置を作って発酵させました。

時間と共にどれくらいの廃糖蜜を入れたのか、その結果をグラフにしますと、時間の経過と共に一定量の廃糖蜜を追加したところ、ほぼ正比例の真っ直ぐなグラフが現れてきたのです。そこで、私は時間と共に一定量の廃糖蜜を追加していけば自然と発酵するのだろうと思い、次の実験ではタイマーで追加の廃糖蜜をセットしておいて、一定時間経ったら一定量入れていくようにして発酵させたのです。

ところが、そのように設定して実験をすると、最後に発酵が止まった時のアルコールの濃度数は、センサーを使って廃糖蜜を追加した時と比べて明らかに低かったのです。つまり、発酵が進んでおらず、糖分がたくさん残っていたのです。センサーで糖分の濃度を感知しながら追加していった時と同じように、時間の経過と共に追加していったのに、なぜタイマーでセットして追加した方が、こんなに発酵度数が低いのかと不思議に思いました。

その時は学生だったので、波動のことは何も知らずその原因がわかりませんでした。「なんでだろう?」と頭の中にその疑問を残したまま卒業をして、就職をして、仕事をして、波動の仕事を始めました。この波動の仕事を始めた時にその理由がやっとわかったのです。つまり酵母の気持ちを無視していたのです。

酵母が発酵して糖分が下がってきて、一定の濃度まで下がってきたら糖分が少なくなって、酵母が「廃糖蜜を追加してほしいな」と思います。その時に追加してあげるとまた糖分が増えて酵母が喜んでまた食べて、「また糖分が減ってきたー」となってまた入れてあげる。センサーで測定していた時はそういう状態でした。酵母がまた追加してほしいなと思っているタイミングでまた入れてあげたのです。

ところが、タイマーでセットしていた時は、酵母の気持を無視していたわけです。一定時間経過したら一定量入れるという流れ作業です、すると酵母は自分の気持ちが「無視された」ことになるわけです。同じように行った廃糖蜜の追加ですが、そこに相手の気持ちを汲み取る思いやりがあるのとないのとでは、最終的にアルコールの度数はかなり違ったのです。

学生時代にわからなかったことが、波動の仕事を始めたことで「酵母の気持ちを無視したこと」が原因だったと理解できたのです。

日本酒の杜氏がお酒を造る時に、発酵の進み具合をみながら作業を行うのと同じで、酵母の気持ちを聞いてあげながら発酵を促すことは、感性を持っている人間だからこそできることなのです。そういうことが学生時代はわからなかったのですが、波動の仕事を始めた今になってやっとわかってきたのです。

波動カウンセリングも人間が人間を相手に測定するのです。測定される側だけでなく、測定する側の人間の心や意識の状態が常にとても大切になります。波動カウンセリングは１００パーセント、測定器に頼るものではありません。人間にしかできない仕事だからこそ、毎回心を込めて、元気になりますようにと祈りを込めて、一人ひとりのカウンセリングをさせていただいているのです。そして、毎回１００パーセント最良の結果を出せるように自分自身が常に心の浄化をし、平安で幸せな気持ちでいられるようにしています。

クライアントさんだけでなく、私自身も毎回測定をさせていただくことでエネルギーを頂戴し、浄化させていただいているのだと思います。クライアントさんから「ありがとうございます」とお礼を言われることが多々ありますが、私の方こそ皆様に感謝の心を込めて「こちらこそありがとうございます」とお伝えしたいのです。

思いは現実化する

今、私は全国を回りながら波動測定体験会を開催しています。

体験測定会を開催することで、波動測定器に興味を持っておられる方たちが、どの程度波動測定を理解しているのか、そしてどのような要望を持っているのかが把握できるようになってきました。お客様からいただいたご意見やご要望に合わせて、今後の活動をさらに加速させていきたいと思っています。

私がこのような活動を行っている目的は、世の中の人々に潜在意識を変えてほしいと思っており、そのためのサポートをしたいからです。潜在意識が変わることで、一人ひとりの生き方が変わり、社会の仕組みが変わり、世の中全体のエネルギーが変わり、そして世界が変わる。そして、ついには地球という惑星が平和な星になることを目的としています。

そのために日々活動を続けているのですが、自分たちの存在は、ほんの小さな存在でしかありません。そのような自分たちが、果たして世界平和という大きな目的を達成することができるのだろうかと考えた時、ちょっと難しいのではないかという思いが時々湧いてくるのが本当のところです。

私のサロンにカウンセリングを受けに来てくださっている方で、同じような思いを持って、この地球をパラダイスにする目的で生まれてきたんだとおっしゃるお客様がいます。その方のお話をお聞きしていた私は、「それはとても良いことだと思いますね。でも簡単ではないですよ。時間がかかるでしょうね」と言ったのです。すると、そのお客様からは、「そんなことおっしゃらないでください。そう思うとそうなってしまいますから」という言葉が返ってきたのです。その言葉を聞いた瞬間に、私は気づかされたのです、無意識のうちに自分の持っている可能性を制限していたことを。

「思いは現実化する」とよく言われています。『ザ・シークレット引き寄せの法則』や波動の共鳴現象などご存じの方には、当たり前の話だと思います。自分が思ったこと自体がエネルギーであり、共鳴によって引き寄せが起きるということです。そのようなお話をセミナーの度に、音叉を使いながら説明している私自身が、現実の世界を目の当たりにした時に、その理論のことを忘れてしまっていたのです。世界を平和にしたい、地球を平和な星にしたいと頭で考え、言葉に発していましたが、心の中では、意識の奥では、そんなことは簡単ではないと否定的な思いを持っていたようです。

「私たちの思いは現実化する」―そのことが事実であるならば、ポジティブな思いを持つのか、ネガティブな思いを持つのか、私たちの思いも相対的にできており、どれだけポジティブな思いを持つのかによって現実化する未来が違ってくるのです。

昔、日木流奈《ひきるな》くんという重い脳性麻痺を負った少年の取材をさせていただいたことがあります。ＮＨＫの番組でも取り上げられ、いろいろと波紋を呼んでいましたので記憶に残っている人も多いと思います。

私は彼に、「今の地球はこれからどうなりますか？」と質問したところ、彼は「どうなるのかという予想ではなくて、どうしたいのかが大切なの」と答えてくれました。その時、目から鱗が落ちる思いをしたのです。自分がこの地球をどのような星にしたいのか、そしてそれをどれだけ本気で思えるのか、そのことをクライアントさんや周りにいる人の口から語られる言葉を通して気づかされたのです。

すべてのマイナスカルマを解消

マイナスカルマを解消することで、潜在意識のエネルギーバランスが整います。すると、現実の世界で抱えていた問題が解消し始め、目指していた目標を達成することができるようになります。

私は、このようにマイナスカルマを解消するためのサポートを行う目的で、波動カウンセリングによって波動水を作っています。もちろん、自分の波動水は自分で定期的に作って飲んでいるのですが、毎回測定するたびにたくさんのマイナスカルマの情報が出てきます。

ある人から、私は471回地球で転生していると言われたこともありますので、その情報が本当かどうかはわかりませんが、際限なく出てくるマイナスカルマを見るたびに、どこまで続くのだろうと感じていました。おそらくこのマイナスカルマは、今生ですべては解消できないのではないかと思っていた時に、あるクライアントさんから質問されたのです。

「今までのお客様の中に、マイナスカルマをすべて解消された方はいらっしゃいますか?」と。

残念ながらまだいないのです。おそらく今生だけですべてを解消するのは無理かもしれませんとお伝えすると、「じゃあ、私がその最初の人になってみます」とおっしゃられたのです。その言葉を聞いた瞬間に、また自ら可能性の芽を摘んでしまっている自分に気づかされたのでした。

今生だけですべてのマイナスカルマを解消するのは無理だと思った時点で、それは実現が不可能になってしまうのです。難しいかもしれないけれど、今生ですべてのマイナスカルマを解消するという目標を見失わないで、それに向かって進んでいこうという意志を持っている限り、その可能性があるのだということにあらためて気づいたのです。

私はここで、今生においてすべてのマイナスカルマを解消すること、平和な地球を実現することを目標に、日々の活動を続けることを宣言したいと思います。そして同じ思いを持っている人たちと繋がりながら、その輪を広げていきたいと思います。

第9章

新型コロナウイルスが世の中を変えた？

地球の歴史が変わる時

今、風の時代になったと言われていますが、風の時代とはどういうことでしょうか？
木星は「幸運の星」、土星は「試練の星」と言われていますが、その対極ともいえる二つの星が20年に一度重なる現象を、「グレート・コンジャンクション」といいます。極端にいえば、良いことと悪いことが同時に起こるようなイメージです。

２０２０年のグレート・コンジャンクションは水瓶座の位置で起こりました。水瓶座というのは風の星座です。これからの約２００年間は風の星座でグレート・コンジャンクションは起こります。水瓶座＝風のエレメントにはどんな性質があるかというと、情報・コミュニケーション・知性などといったキーワードが該当します。これまで以上にインターネットは欠かせなくなり、現在は想像もつかないような斬新な使い方をするようになるかもしれません。

土の時代に重要だった「物を所有する」ということもこれからは徐々に価値観が変わっていきます。すでに、ミニマリストとして持ち物に執着をしない生き方が注目される、サブスクリプション方式で物を持つよりも借りるということが主流になるなど、「手放すこと」「シェア」という感覚も風の時代らしい考え方です。これからの時代は目に見えるものから見えないものに価値をおく時代となっていきます。

そして、風の時代になった今、本当の意味で波動の時代になったことを知ることができました。2020年に発売した数霊ＲＥＩＷＡが想像以上の台数世の中に出ていることが、風の時代を物語っているのだと思います。そして、200年先まで風の時代が続くということは、私が生きている間は、波動技術がずっと必要とされるようです。

月のテンポ116を全国に広める活動をしている片岡航也さんの情報によると、今の地球上で人類によって作られてきた仕組みが、すべてひっくり返る時期を現在迎えているそうなのです。その期間は2020年から2025年までの6年間だそうです。その間に今までの仕組みはすべて崩壊していき、それに代わる新しい仕組みが作られていくのだそうです。この6年間は激動の年になるということです。

個人においてもそうですが、今まで作り上げてきたものが崩壊することには不安や恐怖が伴います。今の安定した状態を手放していくことになるからです。そして、その先にどのような状況を迎えることになるのか、未知の世界に対する不安が湧いてくるでしょう。しかしながら、自分自身の中に確固とした目標が構築されていれば、世の中の状況が大きく変化していても不安や恐怖が湧いてくることはないと思います。自分が進むべき方向がわかっており、そこに向かって日々努力を続けていれば、やがて迎える未来の状況がはっきりと見えるからです。多くの人は政府や行政の指示に従っていれば、安心した生活を送れると思っているようですが、そんな時代はすでに過ぎ去ってしまいました。

これからは、自分で考えて何が必要なことなのか、自分自身で取捨選択しなければ安心した人生を生きることができない時代になったようです。

土の時代	風の時代
お金・物質	情報・体験・人脈
所有する	共有する
固定	移動・流動
安定	革新
蓄積	循環
男女別・国別	ボーダーレス
組織・会社	個人・フリーランス
縦社会・肩書き	横の繋がり・友人・仲間
成功・上昇	心が喜ぶ幸せ
自分で頑張る	人と助け合う
常識・既成概念	自由な発想

パンデミックに対応する情報を拾い出す

２０２０年に新型コロナウイルスが発生して、それに対応するための波動コードを、集合意識から拾い出してユーザーさんに提供しました。数霊システムを持っているだけで、簡単に対応できますので、ユーザーのみなさんには大変喜んでいただけました。私の知る限りでは、数霊システムユーザーさんの中でコロナウイルスに感染した方はいらっしゃいませんでした。

問題は、その翌年から始まったワクチン接種です。医療関係者や公共の場で働く人は、半強制的に接種を促されたようです。そして、副反応で体調を崩す人が大勢いましたので、コロナワクチン副反応に対応するための波動コードを拾ってユーザーさんにお知らせしたのです。

さらにその後、ワクチン接種者がスパイクタンパクを吐出すことがわかってきました。シェディングによって体調不良になる人で、町は溢れかえっているようなのです。そのために、スパイクタンパク対策コードを拾い出してお伝えしました。

ところが、しばらくするとその波動コードが効かなくなってきたのです。いろいろ調べた結果、ワクチンを1、2回目接種したものと、3、4回目接種したものでは、中身が違っており、そこから生成されるスパイクタンパクも種類が異なってくることがわかったのです。

そこで、もう一度波動コードを拾い直しました。ワクチン接種は、その後も継続されて、5、6回目、そして7回目まで進んでいますので、その都度種類の違うスパイクタンパクに対応するコードを拾い直しました。波動のことを知らない人は、世の中でこのような出来事が起きていることなど、まったく知らないと思います。そして、原因不明の体調不良に苦しんでいるのです。

現在の法律では、今回拾い出した波動コードを転写して、波動水として販売することはできないので、数霊システムユーザーさんが直接波動転写して波動水を飲むことができるように、情報だけを無償で提供していますが、いつか将来法律が改正されて、これらの波動水がお店の棚に並んで販売できるようになれば、もっと多くの人が波動技術の恩恵を受け取ることができるようになるでしょう。早くそのような日がくることを願っています。

エピローグ

二人の巨匠に見守られながら

船井幸雄先生と江本勝先生

日本で波動ブームが起きたのは、今から約30年前になります。

当時MRAを使って波動カウンセリングをしていた江本先生には、天性の才能があったようです。MRAを見事に使いこなして、多くの患者さんを治療していたのです。

そのような中で噂が広まり、その噂を聞きつけた船井先生がMRAの測定を体験されに見えました。実際に体験をされた船井先生は、この技術は本物であると確信をしたので、ご自身の著書の中でMRAと江本勝先生を紹介され、そのことがきっかけで、江本勝という名前が多くの人に知られることとなり、ものすごい勢いで波動技術の情報が世の中に広まっていきました。

私は生前、江本先生と何度も食事をご一緒させていただく機会がありました。食事をしながらお話をしていると、いつも船井先生の話題になるのです。江本先生は、船井先生のおかげで自分が世に出ることができた、と毎回おっしゃっていました。それくらい、船井先生にはとても感謝をされていたようです。

船井先生もご自身の著書の中で、何度もＭＲＡと江本先生を、そして結晶写真の撮影に成功した後は、水の結晶写真についてもご紹介してくださいました。イベントにもお互いを講師として招き、その後も最低年一回は顔を見せに熱海の本社へお伺いしていたようです。

深いお付き合いをさせていただいておりましたが、残念ながらお二人とも今はこの世を去り、向こうの世界に行ってしまわれました。しかしながら、その後に残された会社や社員、弟子と呼ばれる人たちがおり、それぞれの意思を次いで運営をしています。

私も江本勝先生の弟子として、その後の株式会社ＩＨＭの運営に携わり、波動技術のさらなる進化のために研究を続けてきました。

そんな中、数霊システムの進化形として考案中のポータブルタイプの装置を、30年前に船井先生の後押しで世に出ることができたＭＲＡと波動技術と同様に、今回は、船井グループとＩＨＭグループの協力によって、世に出すことはできないだろうかと思いついたのです。このような考え方にたどり着いたのも、向こうの世界からお二人の巨匠が後押しをしてくださったからではないかと思っています。

船井先生と江本先生のツーショット

数霊REIWAが生まれた意義

そのような経緯で、株式会社本物研究所の佐野社長とお話を進めさせていただき、今回ポータブルタイプの装置が発売されることになりました。装置の名前は「数霊ＲＥＩＷＡ」と佐野社長が命名されました。

ポータブルタイプなので、パソコンが必要ありません。コンパクトな装置なので、バッグに入れていつでも持ち歩きができます。

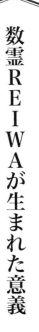

今回のコラボは、30年前に船井先生のお力添えで波動技術が世に広まっていったことを考え、それぞれの弟子たちが手を取り合ってお互いの得意分野で協力しながら、それ以上のブームを巻き起こせるのではないかと密かにイメージをしているのです。

２０２０年になり、世の中は大きく変化し始めました。新型コロナウイルスの発生により、世界中がパニック状態に陥り、今までの社会生活を通常通り営むことができない状況になっています。新型コロナウイルスに関しては、様々な情報をインターネット上で検索すれば探すことができます。既存のメディアである、テレビやラジオ、新聞などでは受け取れない本当の真実の情報がそこにはあるようです。

しかし、自ら真実の情報を探しにいこうとしない人たちは、国家や行政の思惑により既成メディアから発信された情報を鵜呑みにして、洗脳された状態で生活を送っているようです。

まさに「籠の中の鳥」状態です。本当は、もっと広く自由に生きられる世界があるのに、そのことを知らずに限られた空間の世界に閉じ込められた人たち。その人たちの意識が空間という籠から解放されて、自由に時空間を飛び回れるようになるためのツールとして、数霊ＲＥＩＷＡは開発されたのだと思います。

この地球に生まれて間もない頃の記憶を意識の中に種として植え、その情報を忘れないようにしたことが、地球へ来る前に自分で決めてきた目的を思い出すためのきっかけとなったようです。

私自身には、特別な能力は何もありません。でも地球の行く末を心配しながら、必要な情報を発信してくれている存在たちと共鳴して、その情報を受け取り、さらにその情報を基に、人々の意識が覚醒していけるようにサポートをしてくれるツールを具現化することはできました。

このツールは、私の力で開発したものではなく、高次元の存在たちによって作らされたものであると思っています。今振り返れば江本先生や船井先生、そしてお二人の元に集まった人たちは、同じ目的を持ってこの地球にやってきた魂たちなのだと強く感じています。

　戦争のない平和な地球がこれから訪れようとしていますが、その鍵を握っているのはこの本を読まれている、みなさんお一人おひとりの縄文ゲートが開き、意識が覚醒していくことにあります。縄文時代のような平和な時代の訪れを待ちわびながら、私自身も5次元意識の覚醒にこれからも取り組んでいきたいと思います。

数霊ＲＥＩＷＡ

数霊ZENWAで縄文意識を取り戻す

2020年に発売された数霊REIWAは、すごい勢いで世の中に広まっています。波動のことを知らなかった人の手にも渡っているようです。時間と共に波動技術が、世の中に浸透していき、多くの人が目に見えないエネルギーの世界に意識が向き始めてきました。そのような時期に、新たな波動機器である数霊ZENWAを発売することになりました。この装置は、自分の潜在意識にどのようなマイナス感情を持っているのかを調べることができる装置なのです。そして、そのマイナス感情を解消するための波動水を作ることができます。

日本における禅は、もともと禅和（ZENWA）と呼ばれていた

禅とは修行を行うことで、悟りの境地に到達することを最終的な目標として行うものですが、

修行僧のように寺に籠り座禅などの修行をしたり、霊山に登って修験道で行う禅定などの実践修行をすることは、誰もができることではありません。そもそも禅の考え方としては、日常生活で行う日々の営みを、心を込めて行い、その中に生きる意味を見出していくことが大切であり、一つ一つの所作や言葉使いに思いを込めながら生活を送ることで、悟りへの道を開いていくことを説いているのです。

悟りを開く中で、私たちの意識がどのように変化していくのか？　その状態を自分で確認して、そして少しずつでも悟りの境地に近づいていくためのサポートをしてくれるための装置、それが数霊ＺＥＮＷＡ（禅和）なのです。悟りの境地に近づくと、人の心は穏やかになり、自分が置かれている環境でどのような変化が生じようとも、慌てふためくことがなく、常に冷静沈着な状態を保ちながらも、意識は高いレベルに存在して幸福感を味わい生きていくことができるようになるのです。

数霊ＺＥＮＷＡ（禅和）は、潜在意識の中に記憶しているネガティブな感情波動を測定で拾い出して、確認することができます。拾い出された感情波動はカルマと呼ばれる情報なのです。そのカルマの情報を解消していくにあたり、どのようなことを意識しながら一日を過ごすと良いのか、ひと言アドバイスを受け取ることができます。そして、カルマ解消をサポートしてくれる波動水を作ることができますので、その波動水を飲みながら自分自身でカルマ解消に取り組んでいきましょう。

自分自身が使う言葉、行動を意識しながら生活を送ってください。自分がどこに意識を向けるのか、そしてどのような情報を意識するのか、その取り組みを日々行うことが悟りへの近道になるのです。

数霊ＺＥＮＷＡ

意識から性格が作られ、そして性格から感情が湧いてくる

人は想定外の問題に遭遇すると、恐怖、怒り、不安、心配などネガティブな感情が湧いてきます。感情というエネルギーは、自分が考えて作るものではなく、心の中から自然に湧いてくるものです。そして、湧いてくる感情の種類は、その人の性格によって違ってきます。怒りっぽい性格の人は、怒りの感情を作りやすい。怖がりの人は、不安や恐怖の感情を作りやすいのです。性格のことを心のクセと言って良いかも知れません。その心のクセは、潜在意識の中に記憶されているカルマの影響から生じています。潜在意識のカルマから心のクセ、性格が作られて、その性格から感情が湧いてくるという仕組みになっているのです。数霊ＺＥＮＷＡで測

定をすると、潜在意識のカルマの情報を調べることができます。そして、作った波動水を飲みながら、カルマ解消を意識して自分の行動や言葉を選び、日々の生活を送るのです。すると、徐々にカルマの影響が減ってきます。カルマの影響が少なくなると、心のクセが改善されてきます。つまり性格が変わってくるのです。性格が変わってくると、心から湧いてくる感情が変化してきます。マイナスの感情が湧いている時は、人の身体は固くなり緊張状態になります。プラスの感情が湧いている時は、身体は柔らかくなりリラックス状態になります。特に苦手なことに取り組む時や、苦手な人に相対する時は、マイナス感情が湧いてきたり、緊張状態になりやすいようです。

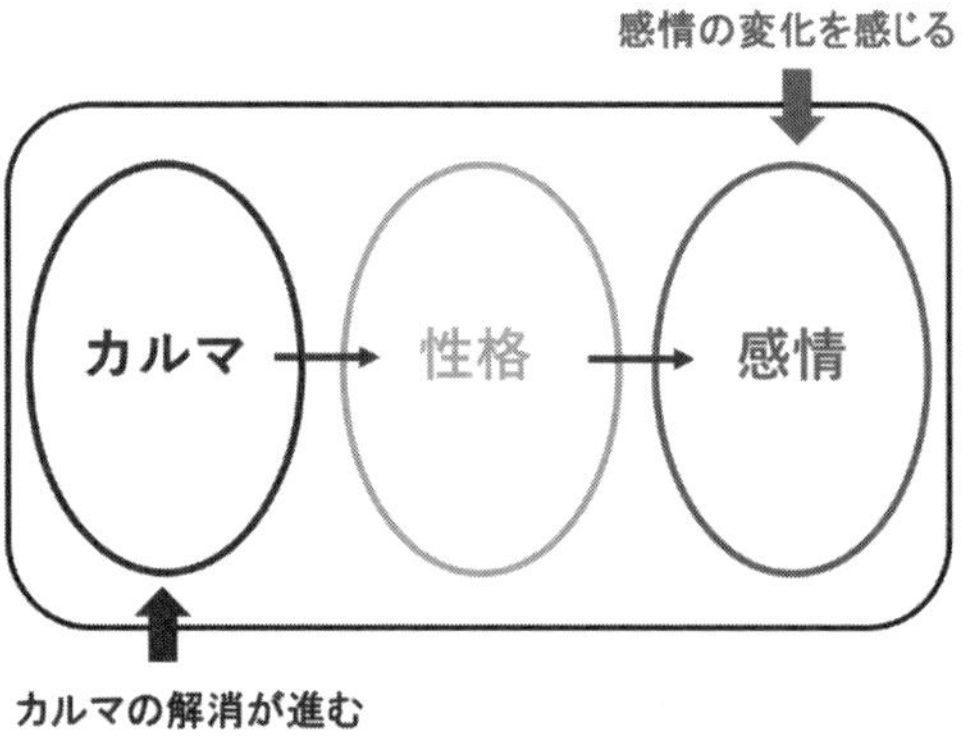

数霊ＺＥＮＷＡで作った波動水を飲みながら、カルマ解消に取り組むことで、どの程度自分の潜在意識が変化したのかを知ることができます。簡単な方法として、今まで苦手だったことに取り組んでみる、苦手な人に会ってみる、などです。その時に、自分の心から湧いてくる感情に目を向けてみてください。今まで湧いていた感情が、湧いてこなくなっていれば、それは

カルマの解消が進み、潜在意識の状態が変化したことを示しているのです。どのような想定外の出来事が起きようとも、いつも心穏やかでいられたなら、どんなに幸せなことでしょう。みんなで悟りへの道を目指して、一緒に歩んでいきましょう。

悟りを開いていた縄文人

縄文時代は、1万年以上争いのない平和な時代だったそうです。なぜ争いや戦争がなかったのかと考えると、おそらく縄文時代の人たちは5次元意識が覚醒した人たちだったのでしょう。

5次元意識＝集合意識ですから、すべての物を共有する意識、つまり個人で所有するという意識がなかったのではないかと思います。すべての物は、神様から与えられたものであり、全員のものだから独り占めすることなく、自分に必要な分だけを戴くという意識、そのような人の集まりであれば、奪うことも盗むこともなく、そこには争いという状況は生じることがあり得ないのです。縄文の人たちがそのような意識状態であったことから、5次元意識が覚醒していくことを、縄文ゲートが開くと言います。数霊ＺＥＮＷＡ（禅和）を使いながら縄文ゲートを開いていくこと、それすなわち悟りへの道なのです。

縄文の人の意識

現代の私たち日本人は、縄文の心を忘れてしまった人がほとんどです。何かを行うにしても効率を重視するために、今ここで何を行っているのかが見えていない人ばかりです。まだきていない未来のことを心配して、過ぎ去ってしまった過去の過ちを後悔して、今成すべきことに意識が向いていない人が大勢います。

一日の中でどのくらいの時間空を眺めているでしょうか？　歩道に生えている草木にどのくらい意識を向けて会話を楽しんでいるでしょうか？　効率を求めすぎる余り、心に余裕がなくなっているのが現代の日本人のようです。

しかし、私たち日本人には、虫の音を心地よく聞くことのできる、特殊能力が備わっているのです。世の中で一番弱い生物である虫たちの鳴き声に、きちんと耳を傾けて、その音色を楽しむことのできる能力は、縄文時代の人たちから受け継いだ能力であり、その日本人が縄文の心を取り戻すことが、今の地球を平和な星にするために最重要課題であると、多くの人が言っています。

数霊ＺＥＮＷＡは、縄文の心を忘れてしまった私たちが、それを取り戻すためのツールとして今ここに誕生したのです。

あとがき

スピリチュアルとビジネスの融合

私は、有限会社Ｉ・Ｈ・Ｍ・ドルフィンのスタッフ星祐作と申します。２０２１年12月より吉野内聖一郎氏の元で働いております。

今回こちらの書籍が発行されるにあたり、吉野内氏が創業した会社のスタッフからの視点を書くこととなりました。

まずは業務の主な目的ですが、数霊の法則を取り入れたツール（商品）を多くの方に知ってもらい、より幸せで健康で、パワフルな人生を送るサポートをすることです。すでにご存じの方も多いと思いますが、当社で取り扱っている商品は人の潜在意識に働きかけて、より良い人生を送るサポートツールとなります。それらについて、多くの方に正確な情報をまずは知ってもらうこと、そして商品を購入した方がスムーズに使えるようサポートすることも大切な業務となります。

波動という目に見えない分野を扱っておりますので、多くの方に正確に伝えるということが難しくもあります。しかし、たくさんのお問い合わせがあることから、そのすそ野は確実に広まっていることを実感しております。具体的には、数霊の法則を取り入れた機器の使い方、機器の違い、そもそも数霊の法則とは何か、カウンセリングを受けたいのだがどうすればいいか、などなど。ふとしたご縁で当社の情報をキャッチして、お問い合わせをいただくのですが、そこにも波動の法則の一つの「共鳴現象」があるように感じます。そのようなお問い合わせにスムーズにこたえられるよう、日々の研鑽を心がけております。

先人の努力があることで、波動という分野が今日あるのだと思います。思いつくまま上げてみようと思います。

まずは当社の代表で、数霊セラピストの吉野内聖一郎氏。今から約30年前、当時勤めていた企業を辞めて、波動サロンを開設しました。安定した職を辞め、あえてある種苦労を伴う境遇に飛び込みました。そのおかげで、今は多くの方が当社のサービスにより活力ある毎日を送れているのではないでしょうか。そのきっかけも本人の波動水による体感が大きく影響していることは皆様ご存じだと思います。

水の結晶写真の撮影に世界で初めて成功し、吉野内氏の師といえる江本勝氏。江本氏を世に知らしめた船井幸雄氏もまた波動の分野の大きな前進に欠かせない人物です。このように、先人の尽力のおかげで、波動という目に見えない世界の考え方や機器を手軽に人生に取り入れることが可能となりました。

少し文章が固くなりましたが、日々の業務にそのような壮大な思いを持って取り組んでいるかというと、ある種の軽やかさ気楽さを持って仕事をしているところもあります。

今の仕事を行っている中で、皆様に伝えたいことが二つございます。

一つは、数霊の法則を取入れた商品の効果です。現在取り扱っているアイテムが前身のものも含め、30年以上の長きにわたり多くの方の賛同を得られているのは、その効果の高さあってのことだといえます。実際に体験談を聞いたり、自身が試して体感したりすると、波動機器の効果の高さにあらためて驚かされます。

試した人の全員が、自身の悩みが解消され、願望が実現するかというと決してそうではないのです。しかし、吉野内氏が講演会などで「情報を鵜呑みにするのはとても危険で、まずは否定をせずに自分で試してみて判断するのが、新しい情報と出会った時の正しい姿勢ではないでしょうか」といったことを伝えていますが、その通りだと思います。まずは書籍や講演、動画などで情報を吸収し、実際に波動水を試してほしいと思います。

二つ目は、会社の姿勢です。当社は、数霊セラピストの吉野内聖一郎氏が、１９９６年に創業しました。もともとは一人で始めた会社で、今でこそ社員数は増えましたが、そこには吉野内氏の哲学のようなものがしっかりと根ざしています。

吉野内氏は、毎日の業務のほとんどを波動カウンセリングに費やしています。波動カウンセリングを行うことで、更なるカウンセリングの手順を確立し、ブラッシュアップさせ、それらをアイテムに反映させたり、後進の指導に生かしたりしています。とても忙しく過ごしているので、アドバイスはとてもシンプルですが、的確に伝えます。

I・H・M・ドルフィンで仕事をする上で、大切なことはいくつかあるのですが、そのうちの一つに「目の前のお客様に全力を尽くす」というものがあります。これは文字通り、目の前の人の立場になって、最大限のサービスをするという意味なのですが、心がけていないとついつい自分本位な姿勢で接してしまいがちです。

相手が何を求めているのか、どのような目的で弊社に問い合わせをしてきたのか、何で困っているのか。その本心を把握する必要があります。その上で、どのような情報を提供すれば相手が喜ぶのかも、選択して伝えなければなりません。そのためには、普段から自社のサービスを勉強し、自身で試したり、他の方の事例を学んだり、吉野内先生が発信する情報を常にキャッチしておく必要があります。これらの歯車がきちんとかみ合うことで、成果につながります。

成果とは、お客様の笑顔です。お客様に喜んでもらうことが第一で、その後は執着を手放して流れに任せていきます。

会社の姿勢でもう一つ伝えたいことは、仕事をする上でも波動的な観点を忘れないことです。波動的な観点とは、いろいろなとらえ方はありますが、要約すると「目に見えないことを大事にする」ということでしょうか。

人は何かつらいことがあると、ついついそのことにフォーカスしてそこからネガティブなイメージを持ってしまいます。そのこと自体は、人間なので誰でもあると思います。しかし、そこで思考がストップするとそれ以上の前進がありませんので、そのことが起きた意味を考えたり、そのことを受け入れたりすることで、新たな道が開けていくのだと思います。

そして、ポジティブな波動を発信することで、ポジティブな人やモノ、状況と共鳴することが可能となります。常に（なるべく）自分の意識を確認しながら仕事をしていくことが、波動的な観点で仕事をしていくことになるように思います。

吉野内氏からの指導でたまに正されることは、そのような目に見えない姿勢のようなところが多いように感じます。そして、本人が常に伝えていることと、実際に行動していることが一致していることも、間近で仕事をしていて素晴らしいと感じることの一つです。

いつも、「自主・自立・自己責任」の姿勢で仕事にあたっていると、おのずと道が開けていくように感じます。

I・H・M・ドルフィンの目指す場所の一つに「ビジネスとスピリチュアルの融合」があります。そこを体現できるよう、これからも仕事にあたっていきたいと思います。

ぜひご縁がありましたら、当社とご縁を持っていただければ幸いです。

【参考文献】

願いをかなえる「縄文ゲート」の開き方：保江邦夫著　ビオ・マガジン
古神道《神降ろしの秘儀》がレムリアとアトランティスの魂を蘇らせる時：保江邦夫著　ヒカルランド
伯家神道も祝之神事を授かった僕がなぜ：保江邦夫著　ヒカルランド
祈りが護る國アラヒトガミの霊力をふたたび：保江邦夫著　明窓出版
Mental Seed: 山﨑拓巳、齋藤 ソフィー共著　Clover 出版
波動の真理：江本勝著　ＰＨＰ出版
水からの伝言：江本勝著　波動教育社
古神道入門：小林美元著　評言社
魔方陣の世界：大森清美著　日本評論社
奥行きの子供たち　わたしの半身はどこに？　ヌーソロジーで読み解く映画の世界：半田広宣著　ＶＯＩＣＥ出版

数霊セラピーサロンのご紹介

辻丸《つじまる》 幸司《こうじ》

＜数霊セラピーサロン まなてぃ 代表＞

数霊セラピスト、国際波動インストラクター、潜在意識リーディング協会理事。水と波動をキーワードに導かれ、たどり着いたＩＨＭで2012年に波動水を飲んだことをきっかけに人生が大きく変わり始めました。気が付けば28年勤めた会社も辞め、多くのご縁に支えられ波動カウンセリングを行っています。

【コメント】

大学で原子炉工学を専攻し、発電プラントの除染・洗浄をする会社で装置設計エンジニアとして28年勤務しました。2016年より大阪で波動カウンセラーをしています。
妻の病気、体調不良、仕事のプレッシャー・人間関係等の悩みでギリギリの時に小林正観さんの本に出会い、言霊の大切さとありがとうと言った水を凍らせると綺麗な結晶になることを知り、また2011年のある日、取引先の方から波動水について質問されたことをきっかけに、ＩＨＭで波動水・波動測定器に出会いました。波動水を飲むことをきっかけに、様々な気付き（自分の欲・執着・ネガティブ感情、夫婦・家庭の大切さ、社会の闇（原子力・医療・食など））と共に心の落ち着きを徐々に得ることが出来ました。波動の法則である、同じものは引き合い異なるものは離れることを身をもって大いに体験することとなりました。長年勤めた会社でしたが気が付けば、別れ・新たな出会い・様々なシンクロニシティが訪れ自分の心の声に気付くこととなり、波動カウンセラーをすることになりました。
自分の周りを変えても自分が変わらないと、また人を変え・形を変え同様のことを引き寄せてしまいます。波動水により自分が気付き変わることで自分自身が引き寄せるものが変わることを体感していただければと思います。加えて平和な地球になるためにまず最初にすべきことは人類みんなが自分自身を好きになること(自己愛、自己肯定感)だと確信しています。そのサポートをさせていただければ幸いです。

https://hadomanatee.com/
〒567-0064 大阪府茨木市上野町12-18
TEL：070-8451-5433
Email：kouji@hadomanatee.com
公式ＬＩＮＥ：https://lin.ee/xFg9czn

公式ＬＩＮＥ　ホームページ

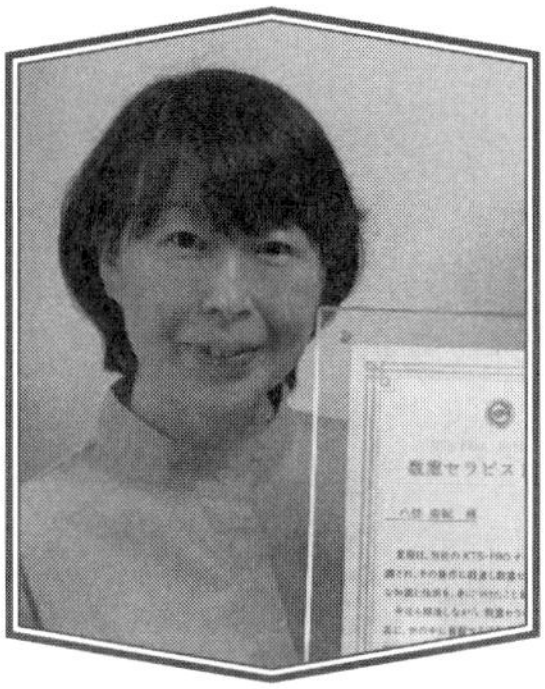

八住《やすみ》 由紀《ゆき》

＜クリエイティブセラピー yasumin ＞

数霊セラピスト。美術大学卒業後、大手企業に就職し企画・宣伝に携わる。
その後服飾を学び、オートクチュールのアトリエに勤務。パーソナルカラー診断を学ぶ。
精神・肉体を鍛えるためヨガに傾倒。ヨガインストラクターを経験。子育てを通し、シュタイナー教育・思想から学びを得る。
オートクチュール、パーソナルカラー、パーソナルセラピーウォーター（波動水）など、一人ひとりに合わせた唯一のものを創り出すことが好きで、それによって、その人の持つ本来の姿が輝きだすことに喜びを感じる。

【コメント】

幼少期から自己肯定感が低く、自分を変えたいと常に心に抱き、人間の可能性や潜在意識に関心がありました。また精神世界、スピリチュアルなことに惹かれつつも、現実世界にグランディングができていない不安定さを抱えていました。発達障害の息子を育てる中で、できる限り精神薬を使わないあり方を模索し、シュタイナー芸術療法、アントロポゾフィー医学、ホメオパシー、フラワーエッセンス、オステオパシーなど様々な療法を取り入れてきました。日常生活でＯリングやペンジュラムを活用する中で「波動」に導かれ、ＫＴＳ－ＰＲＯ波動測定による波動水でようやく問題解消の糸口を見出しました。自らの経験を通し、一人一人に合ったパーソナル波動水を作り、お客様がご自身に向き合い気づきを得られ、改善に向かうサポートをする事が私の喜びです。

https://healingyasumin.com/
Email：healingyasumin@gmail.com

公式ＬＩＮＥ　ホームページ

円城寺《えんじょうじ》 真砂美《まさみ》

＜数霊セラピーサロンマリア＞

数霊セラピスト、潜在意識リーディング協会理事。

化学物質過敏症であることで、衣・食・住を天然なものにし、自給自足的な生活を送る。

体調不良の原因を探し、波動に興味を持ったことでＫＴＳ－ＰＲＯオペレーターになる。


【コメント】


普通の家庭の主婦であり、繊細で感受性が強いことから原因不明の体調不良になりました。波動との出会いによって少しずつ改善し、病気の根本原因が潜在意識からの影響であることを知りました。

数霊ＭＩＮＩを購入し、ひと月で測定器が止まってしまうというトラブルから、ネガティブなエネルギーの洗い出しが始まり、それと同時に見えない世界との交流や、家・土地・物のエネルギー浄化、魂や自分の内側の世界の探求をするようになりました。体調不良であることも自分が悪いと自分自身で責めていたことから解放され、本来の生きる喜びを知ることができ、潜在意識が変わると現実の世界が変わることを体験しました。

自分が幸せでいることができたように、多くの方にも本来の生きる喜びを知り、幸せになっていただきたいと思います。そして、当たり前にある幸せや生きていることの喜び、希望、愛・感謝、その波動を送り、愛あふれる地球であり続けるお手伝いをしたいと思います。

家庭の人間関係、職場の人間関係、ペットの体調、環境によるストレス、精神疲労、アレルギー、家系の問題、仕事運、能力の向上など　多くのご相談をいただいています。

皆様に幸せな運気をお届けいたします。

https://kazutamamaria.jimdofree.com/
Email：kazutamamaria@gmail.com

公式ＬＩＮＥ　ホームページ

水野《みずの》 康彦《やすひこ》

＜数霊セラピーサロン ハーモニー代表＞

数霊セラピスト（ＫＴＳ－ＰＲＯオペレーター）。2013 年に数霊セラピーサロン「ハーモニー」を開設。

【コメント】

ヴァイオリンショップでの勤務を経て、1995 年に、自らヴァイオリンショップを創業しました。その後、母の体調不良がきっかけになり、数霊セラピーにたどり着きました。音楽を通して、振動（波動）の世界に浸かっていましたので、数霊セラピーの世界―波動（振動）へも、天職として導かれました。2013 年に、数霊セラピーサロン【ハーモニー】をオープンしました。数霊セラピスト 10 年以上のキャリアで、皆様のご相談事の解決のお手伝いをさせていただいています。ホリスティック（ボディ・マインド・スピリット）な視点と、” 優しさ・思いやり ” の姿勢でカウンセリングを行っています。

これまでに、下記のような相談を承っています。

人間関係（親子・夫婦・嫁姑・職場の人間関係）、引きこもり、ストレス、身体の不調（腰痛、肩こり、膝の痛み、体力低下、不眠症、アトピー、疲労、頭痛、胃痛、体臭、口臭、アルコール中毒、吐き気、しびれ、知覚過敏症、味覚障害、手足の冷え、肥満、蓄膿、自律神経失調症、耳鳴り、不定愁訴、更年期障害、諸々の後遺症）など。

” やっくん ” の愛称で親しまれています。どうぞ、よろしくお願いいたします♡

https://salon-harmony.jp/
〒 470-1114　愛知県豊明市新田町 15-4
Email：info@salon-harmony.jp
公式ＬＩＮＥ：https://lin.ee/eSeB2WC

ホームページ　公式ＬＩＮＥ

漆原《うるしはら》 治志《はるき》

＜カウンセリングサロン風心祈《かしき》＞
看護師として医療機関等で従事。
心理学に関心を持ち、ユング心理学への学びを深める。命の現場で人間の生死に関わる中で死生観の在り方、人間本来の生きがいとは何かという普遍的な概念についての探究を進め、波動カウンセリングと出会う。その後、数霊システムで作成した波動水を飲み始め、自身の人生の変化を実感して、波動オペレーターとしての活動を開始。

【コメント】
当サロンでは、メンタル不調や難病に悩む方のサポート、また私が結婚カウンセラーとして結婚相談所も営んでおりますので、婚活中の方の波動カウンセリングを中心に交流できれば、より良い関係性が構築できるのではと思っております。
当社合同会社ＰＢＮハートは、Pure（純粋）、Bright（鮮やか）、Natural（自然）な心を関わる方が持てるようなサポートをしていくという気持ちで取り組んできましたが、令和４年６月に数霊セラピストとなり、同10月に公認心理師資格を取得しました。自身としましては、Phycologist（心理カウンセリング）、Bartender（波動カウンセリングによる水の調合）、Nurse（身体的ケア）の実践を通して、関わる方の心身のサポートを効果的に行っていければ良いなと思い日々取り組んでおります。お気軽にお問い合わせください。

Email：369-urushihara@pbn-h.parallel.jp
Instagram：https://www.instagram.com/miroku_marrige_nagoya

公式ＬＩＮＥ　Instagram

田原《たはら》 義久《よしひさ》

＜数霊セラピー　あいおん＞

1968 年神戸市生まれ。15 年前に母親を肝臓がんで亡くした時の「何も力になれなかった」「何かもっとできたはずなのに」という無力感とくやしさから、代替医療に興味を持ちました。量販店などいくつかのお仕事を経験した後、2015 年から障害者支援のＮＰＯで勤務。その一年ほど前、2014 年頃に数霊セラピーによる波動測定と出会いました。日々支援のお仕事をしつつ、プライベートでは吉野内氏に師事し、数霊セラピーを学ばせていただきました。2018 年には念願のＫＴＳプロオペレーターの認定をいただき、そこからは同機にて自分自身、家族、知人を波動測定・修正して参りました。

【コメント】

障害者支援の仕事もたいへん有意義で楽しく、とても私に適した職だと感じています。もしかすると、数霊セラピーで 10 年近く波動修正してきたからこそ、利用者さんとの深い信頼関係に到達できているのかもしれない、とも感じます。

一方で、せっかくめぐり逢い、勉強させていただいた「数霊セラピー」という特別な手法で誰かのお役に立ちたい、という思いが強まってまいりました。その時自分ができる精一杯の測定をさせていただきます。よろしくお願いいたします。

〒 653-0842　兵庫県神戸市長田区水笠通 6 丁目 6-2
Email：tukuyomi@mineo.jp

ホームページ

和泉《いずみ》 諒《りょう》

大阪市出身。

数霊セラピスト、パーソナルトレーナー、高校アスリート栄養学講師。

ＫＴＳ－ＰＲＯ、数霊Ⅲ、数霊ＭＩＮＩ、数霊ＲＥＩWAを使用しています。


【コメント】


１歳半の頃に薬剤アレルギーになったことがきっかけで母親が栄養療法や心の仕組みを学び、生活に取り入れてきました。

それも運命なのか私自身、健康に関わる仕事に携わってきました。

2018 年から波動水を飲み始め、どんどん自分の中の思い込みやネガティブな感情がなくなっていき、今まで気になっていたことが気にならなくなったり、起こる現状が良くなっていきました。

自分の行動はやはり大切ですが、それを大きくサポートしてくれる波動水を飲むと人生が以前よりスピーディーに好転していくのを実体験しました。

こんな素晴らしいことを皆さんにも知ってもらい、人生に役立ててほしい！と感じ、2023 年９月にＫＴＳ－ＰＲＯの数霊セラピストになりました。

心と身体、両方から整えて自分自身の波動を高め、そして少しでも多くの方々の波動が上がるようにお手伝いしていきたいと思っております。それが日本、世界、地球へと連鎖し、地球自体の波動が高まるよう祈り愛を持って活動するように心掛けております。私とご縁のあります皆様どうぞ、よろしくお願い致します。

〒 554-0014　大阪市此花区四貫島 1-5-7 コンフォート 405
TEL：090-8207-8951
Email：izuchan0306@i.softbank.jp

髙橋《たかはし》 国子《くにこ》

＜数霊セラピーサロン enman peace（円満ピース）＞

心理カウンセラー、数霊セラピスト（ＫＴＳ－ＰＲＯオペレーター）、ターミナルケアラー、グリーフケアラー、スピリチャルケアラー。株式会社ポステルス代表取締役社長。

【コメント】

大学卒業後、大手レコード会社に入社いたしました。幼少期から激しい人見知りで、動物以外、誰とも話のできない子供時代を過ごした私には、かなりハードな社会の洗礼となりました。新しい環境になじめずに困惑した日々の中、アーチストは人見知りの方が多いことを知り驚きました。そこには、迷い葛藤しながらも自己のクリエイティビティを追求する彼らの真摯な姿がありました。私もこういう自分から何とか脱却したい、そうしなければ自分の人生を生きることにならないのではないか。その想いから、たくさんの心理学の本を読み、いろいろな講座を受講し、ついにはキャリア・カウンセリング技能士等の心理カウンセリングの資格を取得、心理カウンセラーの道を歩んでまいりました。

そして、2023 年夏に我が家へやってきた保護子猫の伝染性腹膜炎という重篤な病をきっかけに、私は波動カウンセリングの世界に出会うことになります。「神様は絶対にサイコロを振らない」（アインシュタイン）という言葉がございますが、これまでの私の人生の何が欠けても、この世界へ足を踏み出すことはなかっただろう、と思っています。そして、これからも更なる学びを深めながら、パートナーとしての動物たちと人とのより円満なリレーションシップを創造するために、自分のできることをしていきたいと想い「enman peace―数霊セラピーサロン―」を開設いたしました。これまでの学びと経験を活かし、パートナー動物と人、双方のご相談をお受けし、愛と感謝の気持ちを込めた波動カウンセリングを行っていきたいと思っております。どうぞお気軽にご相談ください。

https://enmanpeace.com/
Email：info@enmanpeace.com

ホームページ

伊《い》佐《さ》 毅《つよし》

＜ＨＡＤＯ＋（波動プラス）代表＞

数霊セラピスト（ＫＴＳ－ＰＲＯオペレーター）。
1963年沖縄生まれ沖縄育ち。
ＫＴＳ－ＰＲＯ、数霊Ⅲ、数霊ミニを使用。
バランス活性療法士（潜在意識に働きかけて行う整体）。

【コメント】

●波動に出会ったきっかけ

30年前に船井幸雄先生の著書を読み、波動、見えない世界に興味を持ちました。その著書の中でＩＨＭのことが紹介されており、実際に波動を体験してみたいと思っていた矢先、運命的にも沖縄での開催があることがわかり参加したところ、測定結果の的確さと波動水の効果に衝撃を受けました。それ以来、波動の世界に魅了されると同時にどうにか波動の力で困っている人達のサポートができないかと思うようになりました。

●波動機器の効果

吉野内先生が開発した数霊セラピーⅠが発売されるや否や購入し、そのヒーリング効果に驚かされ、その後更に進化した数霊ミニ、数霊セラピーⅢを購入。その頃から数霊セラピーのヒーリング効果も更に高まり知人のお子さんの不登校や無呼吸症候群が改善されたり、なかなか３人目のお子さんに恵まれなかったが子宝の波動水を飲んでいただいたところ間もなくご懐妊されたり、尿管結石の痛みが波動水によりすぐ改善したなど……例をあげれば、枚挙にいとまがありません。その効果に確信をもち、夢にまで見ていた波動オペレーターの道を進むことを決意。ＫＴＳ－ＰＲＯを購入し、吉野内先生の指導の下、波動オペレーターの認定を受けることになりました。

http://hadoplus.starfree.jp/
X（旧 Twitter）：https://twitter.com/hadoplus
Instagram：https://www.instagram.com/hadoplusokinawa/

ホームページ

藤澤《ふじさわ》 真由美《まゆみ》

＜数霊セラピー＆コミュニティ　あまねく・てらす＞

数霊セラピスト（ＫＴＳ－ＰＲＯオペレーター）ＫＴＳ－ＰＲＯ・数霊システム03・数霊ＲＥＩWA。

金融機関勤務、自営業、会社役員、その後仕事を通じて社会福祉、地域福祉、コーチングなどを学ぶ。

生涯学習指導者（平成11年度通信教育課程文部大臣賞受賞）。

【コメント】

私と波動測定との出会いは2000年頃、正心調息法の塩谷信男氏と縁の深い友人からの勧めで江本勝氏の本と出合ったことから波動測定器ＭＲＡの存在を知りました。その数年後に静岡県内のＨＣＣで波動測定を体験。測定後の変化に驚くとともにオペレーターM氏の波動研究に取り組む姿勢の素晴らしさに感銘を受けました。そこから数々の不思議な流れに導かれ、ついに師である吉野内聖一郎氏のご指導を受け、ＫＴＳ－ＰＲＯオペレーターとして活動させていただくこととなりました。

私は生まれる前の記憶を持ち、幼い頃から生き辛さを感じ、人は何のために生きるのかという問いを持ち続けておりました。波動測定によって「私たちの潜在意識に光が届く時、地球も再生を始める」「地球と生きとし生けるものすべては繋りひとつである」という宇宙法則を体験できた時、それは問いの答えであるとともにこれからの時代になくてはならないものなのだと確信いたしました。

波動セラピストとして皆様の様々なご心配や不安に寄り添っていくこと、そして「一人ひとりが自分で考え行動し自分自身を大切に笑顔で楽しみ喜んで生活をする」という本来の生き方に戻るためのコミュニティの場を創っていきたいと考えております。

素晴らしいご縁が繋がりますように、どうぞよろしくお願いいたします。

https://amaneku-terasu.jp
Email：info@amaneku-terasu.jp

ホームページ

巻末付録

I.H.M.ドルフィン
オリジナル商品の紹介

【数霊システムIII】

価格：523,149 円（税別）

自動測定・転写機の最高峰。マニュアルのＫＴＳ－ＰＲＯから、厳選された 35 種類の基本メニューを搭載しました。豊富な測定モード（＊ボディ測定・毒素測定・マインド測定・五行測定 1st & 2nd・縄文ゲート測定・言霊測定等）が本格的で幅広い波動測定を可能にしています。サロン様などでの導入も多く、ヒーリングメニューの一つとしてもご利用いただいております。

【数霊 MINI スペシャルバージョン 2】

価格：200,000 円（税別）

シンプルな操作で簡単測定ができるので初心者や機械が苦手な方に好評です。35 種類のメニューから気になるものをチョイスし、手を載せて測定したら、お水に転写またはヒーリングを押せば OK。携帯カバーほどの厚みで手に収まるサイズなのでパソコンとともにどこへでも持っていけます。

【数霊REIWA】

価格：180,000円（税別）

パソコンを使わず、単品での利用が可能な数霊システムです。毎日の携帯に便利です。手軽に波動の世界に日常に溶け込む、その具現化ともいえるのが数霊ＲＥＩＷＡです。カフェでの飲み物転写・出張に向かう新幹線の場の調整・商談前の自身を整えるために・クリスタルや日用品を波動でカスタマイズ・突発的な痛みや症状への応急処置・天災及び紛争地域へのヒーリングなどに使えます。

【数霊ZENWA】

価格：198,000円（税別）

パソコン不要な、数霊の法則を取入れた波動測定器。「悟り」をテーマに、潜在意識にあるネガティブな感情コードを拾い出し、確認することができる画期的なツールです。「悟り」へ向かうための一言アドバイスを読むことで、日々の所作のヒントが得られます。転写水作成のための測定も、最新の測定手法を取り入れています。

【各種数霊セラピーウォーター】

価格：8,000円（税別）

数霊システムで使う５桁のＭＲＡ特殊コードと魔方陣の法則をもとに、特殊な過程を経て水の持つ情報保持力を最大限かつ最長保持できる状態のお水です。すべての人の潜在意識レベルの波動領域まで働きかけることができます。（転写後はアルミの袋に入れて冷蔵保管が望ましいです）テーマに合わせた転写水のセラピーウォーターも各種ご用意しております。波動機器を購入に迷われている方の波動水お試し用として。

【ホロンクリスタル・コスモス】

サイズ：直径110㎜／価格：27,593円（税別）

5次元から送られてきた情報をもとにして視覚情報として創作されたものを立体的に彫り込んだクリスタル。宇宙の法則に調和した幾何学は見るだけでも、ご自身の5次元意識が活性化しバランスの取れたエネルギー状態を作り出します。光る台座に載せるとお部屋のインテリアにもなります。

【ホロンクリスタル・小】

サイズ：直径60㎜／価格：16,000円（税別）

刻印された立体幾何学は3種類のプラトン立体から構成されています。それぞれ3・4・5次元を表し視覚情報として、分離のない統合意識へと促してくれます。部屋に置くと植物が元気に育つなどの報告もあり、月光浴などで月一程度の浄化をお勧めしています。

【ホロンクリスタルペンダント】

価格：12,000円（税別）

水の結晶が現れるエネルギーフィールドを立体的に表現した「ホロンクリスタル」の幾何学図形は、宇宙を創るエネルギーフィールドのもっとも基本的な形といます。ハートの一番近くに常に身に付けることで5次元意識を活性化させてくれます。麻紐の色が選べます。胸元で5次元を活性化。7色の麻紐から選べます。

【DVD数霊 2.0 ～ヤハウェー星からのメッセージ】

価格：6,000 円（税別）

Ｉ．Ｈ．Ｍ．ドルフィン代表・吉野内聖一郎氏のこの世に伝えたいメッセージの集大成となるＤＶＤです。これからの新しい価値観形成に必要な根幹の情報と、魂友・白鳥監督との熱い対談が話題です。

Ｉ．Ｈ．Ｍ．ドルフィン
各種ＳＮＳ情報

メルマガ【数霊の法則7日間メール講座】

波動の世界へようこそ！

潜在意識の話やゲートを開くヒントを大公開した人気動画『縄文ゲートを開く』を７日間無料プレゼント！

一緒に縄文ゲートを開きましょう

LINE【数霊の法則I.H.M.ドルフィン】

５次元意識に目覚め、地球規模の変革に貢献することを目的に配信中！

LINE限定公開『波動アップの秘訣』やドルフィンからのお知らせ、楽しいプレゼント企画でワクワク倍増

YouTube【数霊チャンネル】

『ヨッシー先生と波動を学ぼう！』は吉野内先生の30年間の研究から、毎週波動や数霊についてお話し頂きます
数霊システムの操作方法など、他では知りえない波動情報が満載です!!

【Ｉ．Ｈ．Ｍ．ドルフィン公式サイト】

「数霊システム」よくあるご質問集

Q.　数霊システムで、病気を治すことができるのですか?

A.　数霊システムは、潜在意識の中に持っているネガティブな情報を拾い出して、波動水を作るための装置です。その波動水を飲むことで、潜在意識のバランスを整え、意識を活性化させ、その人が持っている能力を発揮できるようにするためのものです。治療器ではありませんので、その点を十分ご理解いただいた上でご使用ください。

Q.　波動を転写する水は、どの水が良いのですか。

A.　波動転写する水は、できるだけ水以外の成分を含んでいないものが良いです。そういう意味においては、蒸留水が一番適しています。ミネラルウォーターを使う場合は、国産の軟水表示がある、できるだけミネラル分の少ない水を選んでください。浄水器は、塩素を除去後セラミック等で活性化させるものであれば使えます。水道水は、波動転写には向いていないようです。磁化水を飲用水としている方もいますが、磁気を帯びた水の場合、波動転写には向いていません。

Q. 波動水は、いつ飲むと一番効果が高いですか？

A. 波動水の基本的な飲み方は、朝昼晩1日に3回をコップ1杯ずつ飲みます。飲む時間や食前・食後などにこだわらなくても大丈夫です。また、飲む量も1日500ミリリットルが基本の量ですが、それ以上たくさん飲んでも問題ありません。夜飲むと眠れなくなる場合は、寝る前に飲むのは控えた方が良いでしょう。そして、波動水を飲む時は、水が記憶している波動情報を感謝しながら受け取る意識で飲むことにより、効果が出やすくなります。

Q. 測定したコードで作ったお水は、測定したその日だけ飲んだ方がいいのでしょうか？翌日以降に飲み続けても意味のあるものなのでしょうか？

A. 1回測定して拾い出した情報は、しばらくの間効果があります。2〜3週間飲んでも効果はありますが、少しずつその効果は弱くなりますので、数霊システムをお持ちであれば、毎日測定して新しい情報を転写した方が効果的な波動修正が行えます。

Q. ヒーリングの時間はどのくらい行えば良いですか？

A. ヒーリングの対象がどのような状態であるかによってかなり幅がありますが、基本的に夜寝ている時間にヒーリングを行うのが効果的ですので、7〜8時間が目安になります。

Q. 測定を受ける人の写真がない場合、他の方法があれば教えてください。

A. ご本人のお写真で測定とヒーリングを行いますが、写真がない場合、ご本人の名前を書いた文字でもできます。その際は、生年月日と現住所も入れておいた方が良いと思います。測定を受けるご本人を特定するための情報が揃っていれば、文字で測定できます。ヒーリングの場合は、ご本人の承諾を得てから行ってください。

Q. 写真でセラピーする場合の写真の向きは、プリントされた面は機械の下向き、あるいは上向き、どちらが良いのでしょうか？

A. 写真は上向きにして、誰の測定を行っているのかわかる状態にしてください。コンピュータの自動測定ですが、操作している人の意識が、測定の結果に影響します。そのために、測定を受けている人の顔が判る状態にしておいた方が効果的な測定を行えます。遠隔ヒーリングをする場合は、必ずご本人かご家族の了解をもらってから行ってください。

Q. 波動水を飲んで、好転反応が出ることはありますか？

A. 一時的に身体がだるくなったり、眠くなったりすることは、時々あるようです。でも、それほど長くは続きませんので、ご安心ください。そのような状態になった時は、波動水が効いている時です。日常生活に支障がある場合は、飲む量を減らすか、しばらく飲むのを控えてください。

Q. 浄霊もできるのでしょうか？

A. 霊的なエネルギーに対して働きかけることは、危険ですので今のところそのような使い方としては紹介をしていません。

Q. ホメオパシーで使う砂糖玉に転写しても効果はあるのでしょうか？ 私は、あまりお水を飲めないので、できれば砂糖玉に転写したいのですが、効果は水と変わらないのでしょうか？

A. 波動転写を行う場合は、基本的に水を使うことをお薦めしています。ホメオパシーの砂糖玉に転写しても効果はあります。水と砂糖玉の比較試験は行っていませんが、同じくらいの効果はあると思います。

Q. 水だと2リットルのペットボトルくらいまで転写できますか？
お弁当なども転写できますか？　転写水を郵送できますか？

A. お水に転写する場合は、容器の一部が本体の波動発信部分（中央のLED部分）に当たっていれば大丈夫です。20リットルくらいまで転写可能ですが、大きい容器の場合、本体の上に乗せるのが困難ですので、本体を容器の横に当てて転写してください。お弁当にも転写できますが、容器がアルミなどの金属では転写できません。プラスチックやガラスなどの容器であれば可能です。転写したお水を郵送する場合は、容器をアルミホイルで包むか、アルミ蒸着したジップパックの袋などに入れて送ってください。太陽光線や電磁波の影響を遮断する効果があります。

Q. 波動水を飲む場合は、毎日その都度測定してそれを転写して飲んだ方が良いですか？

A. 一番新しい情報が一番効果が高いので、毎日測定してその情報を転写するのが効果的です。お水は、蒸留水が適していますが、市販のミネラルウォーターでも大丈夫です。転写した水を希釈せずに、そのまま飲んでください。

Q. 測定モードでエーテル測定とアストラル測定があります。これらの意味を教えてください。

A. エーテル測定は、測定を受ける人のエーテル体を中心にして、波動情報を拾い出すモードです。アストラル測定は、アストラル体を中心にして、波動情報を拾い出すモードです。簡単に説明すると、エーテル体は潜在意識の浅い領域で、アストラル体は潜在意識の深い領域を指しています。

Q. 測定回数が多いほど効果の高い波動水を作れるのでしょうか？

A. 測定回数が多いほど、効果の高い波動水を作ることができます。ただし、測定時間と転写時間が長くなりますので、朝出かける前など時間があまりない時に作ったりする場合は、できるだけ少ない回数を選んでください。

Q. パワーストーン、ブレスレットなど、様々な物や食品などのエネルギー調整はできますか？

A. メニューの中の「家土地のエネルギー」を選択して、測定、転写してください。
パワーストーンなどは、ヒーリングに使ったあとネガティブエネルギーを吸っている時がありますので、そのようなエネルギーを解消することができます。食べ物に関しても、エネルギー調整を行うことで、味が良くなる効果があります。

Q. 部屋のエネルギーを浄化する時も、写真を使って測定するのでしょうか?

A. 一つの部屋だけを空間浄化するのであれば、その部屋の中央あたりに数霊システムを設置して、何も乗せずに測定をして、そのままヒーリングをしてください。もちろん、写真を使っても大丈夫です。

Q. 数霊システムで、大勢の人や物の測定をした場合、測定をした相手のエネルギーの影響を受けることはありませんか?

A. エネルギー的に強い物や、エネルギーの乱れが多い人を測定した場合、その影響を受けることがあります。また、通常の測定だけでも、毎日測定していると、気づかないうちにネガティブなエネルギーが装置の中に溜まってしまいますので、定期的にセルフヒーリングを行うことをお薦めいたします。数霊システムの本体装置の写真をプリントアウトして、その写真を乗せて「家土地のエネルギー」メニューで測定&ヒーリングをしてください。

Q. 数霊システムを操作して測定を行う時に、操作している人の意識は、測定結果に影響しますか?

A. 波動情報は、4次元・5次元の意識の世界の情報ですので、正確な情報を測定できるように意識しながら測定した方が正確な測定が行えるようです。また、測定を受けている人の守護霊様に測定のサポートをお願いすることで、より効果的な測定結果を得られます。お祈りの言葉としては、「○○様の守護霊様、守護神様、守護天使様、これから○○様の測定を行うにあたり、必要な情報を正確に拾い出すことができますように、霊界からのサポートを宜しくお願いいたします」という感じのお祈りが良いと思います。そして、測定が終わったらサポートのお礼を言うことを忘れないようにしてください。

著者プロフィール

吉野内 聖一郎

（よしのうち せいいちろう）

1959年生まれ、愛媛県松山市出身。数霊セラピスト／有限会社Ｉ．Ｈ．Ｍ.ドルフィン代表取締役社長。株式会社アイエイチエム役員。潜在意識リーディング協会名誉理事。江本勝著『波動の真理』に感銘を受け、1996年より波動カウンセラーとして２万人以上のクライアントのカウンセリングを継続中。波動測定器ＭＲＡの波動コードに興味を持ち、その波動コードの仕組みを研究する中で「数が持つ意味」を探求するようになる。独自の「数霊」理論を発見し、オリジナルの波動測定器「数霊ＲＥＩＷＡ」を開発。カウンセリングを行う中、全国各地でセミナーを開催。現在は、アメリカ、ドイツ、トルコ、台湾など海外における活動も展開中。

波動時代《はどうじだい》の幕開《まくあ》け　ヨッシー先生《せんせい》と波動《はどう》を学《まな》ぼう

2024年６月６日　初版第１刷発行

著　者　吉野内聖一郎

発行者　友村太郎

発行所　知道出版

〒101-0051 東京都千代田区神田神保町 1-11-2

天下一第二ビル 3F

TEL 03-5282-3185　FAX 03-5282-3186

http://www.chido.co.jp

印　刷　モリモト印刷

ISBN978-4-88664-369-8